KB270021

영어의 기초가 자리잡아 영어를 모국어처럼
쓸 수 있기를 기원합니다.

# 기초 영단어 기억법

차봉현 지음

　영어의 문장은 단어들이 모여서 이루어졌으므로 단어를 외우는 것이 바로 영어 공부의 알파요, 오메가라 해도 결코 과언이 아닐 것이다. 그러면 도대체 어떻게 하면 좀 더 능률적으로, 또한 잊어버리지 않게 단어를 암기할 수 있는 방법은 없는가 하고 영어를 공부하는 사람이라면 누구나 한 번쯤 생각해 보았을 것이다. 단어를 암기하는 방법은 여러 가지 있으나 그 중에 대표적인 것이 어근·접두사·접미사를 통해서 기억하는 방법을 흔히 들고 있는데, 이것은 어근·접두사·접미사의 뜻을 먼저 기억해야 하는 것이 하나의 맹점이다. 이것들을 먼저 암기하지 않고는 영단어를 암기할 수가 없는 것이고, 게다가 어떤 접미사·접두사는 복합적으로 다의적인 뜻을 가지고 있는 것이 많아서 어떤 경우에는 혼동을 불러 오는 경우도 생기는 것이다.

　그래서 본서는 이러한 것을 본받지 않고 순수한 우리 말, 즉 우리 말 단어를 가지고 영어를 자동적으로 기억하게 하는 「**연상 기억법**」을 통해 영단어를 보다 체계적으로, 보다 쉽게 저절로 암기하는 법을 소개하고 있는 것이다. 지금까지 시중에 나와 있는 영단어 암기책들은 너무나 부정확하고 억지로 꿰맞추는 식으로 우리말과 연결하여 표현하는 것들이 많고, 또 앞뒤가 도저히 맞지 않은 모순된 논리이거나, 또한 애매하거나 말도 되지 않는 표현으로 연상에 의한 단어 암기법을 서술하고 있는 것이다.

따라서 본 저자는 보다 논리적이고 보다 정확하고 보다 쉽게 암기할 수 있도록 자연스럽게 연상을 시켜, 본서의 「기억법」을 읽기만 하면 영단어가 자동적으로 암기되도록 서술하고 있는 것이 특색이다. 이 기초영단어 기억법은 초등학생에서 부터 중학생에게 절대적으로 필요한 중요단어를 빠짐없이 열거하고 수록해 놓았고, 동시에 단어를 응용하여 모범예문을 실어 놓았으니 함께 암기한다면 금상첨화가 될 것이다.

본 저서는 시중의 어느 다른 영단어 기억법의 저서보다도 가장 알기쉽게 능률적으로 또 잊어버리지 않게 암기할 수 있다고 자신있게 주장하는 바이며, 특히 독자에게 부탁하고 싶은 것은 영단어를 외울 때 단어만 달랑 외우지 말고 꼭 모범예문과 함께

단어를 외우도록 권장하는 바이다. 이렇게 해야 머리속에 오래 남고, 또 살아있는 산 영어를 공부하는 것이며 언제 어느 때고 써 먹을 수 있는 응용력을 기를 수가 있는 것이다.

부디 이 책으로 영단어 공부에 소기의 성과를 거두기 바라며, 독자 여러분이 영단어를 공부하는데 조금이나마 도움이 된다면 저자로서 무한한 영광을 느끼는 바이다.

지은이 씀

# ● CONTENTS ●

# 대명사(pronoun) 자동기억법(1)

**1  I** [ai, 아이] 때 나는, 내가

> 기억법 **아이**는 '**내가** 그것을 할게' 하고 달려간다.

> ㈜ 대명사 「I」는 문장에서 항상 대문자를 쓴다.

**2  my** [mai, 마이] 때 나의

> 기억법 **마이**카는 **나의** 차를 말한다.

**3  me** [mi:, 미이] 때 나를, 나에게

> 기억법 **미희**[미이]가 **나를** 큰 소리로 부른다.

**4  you** [ju:, 유-] 때 당신(들), 너(희들)

> 기억법 **유**[유-]양이 **너를** 깍쟁이라고 놀려댄다.
>
> 파 **your** [juər, 유어] 때당신(들)의, 너의
> **yours** [juərz, 유어즈] 때당신(들)의 것

**5  we** [wi:, 위-] 때 우리(들)는

> 기억법 **위**[위-]의 하늘을 보며 **우리는** 꿈을 키웠다.

**6  our** [áuər, 아우어] 때 우리(들)의

> 기억법 **우리들의** 방에 **아우와**[아우어] 함께 있다.
> **ours** [áuərz, 아우어즈] 때우리들의 것

1. **I**    **I** am a schoolboy.
2. **my**    This is **my** car.
3. **me**    He looked at **me**.
4. **you**    **You** are a girl.
5. **we**    **We** are students.
6. **our**    That is **our** house.

**Notes**

1.am: …이다, schoolboy: 남학생  2.this: 이것, is: …이다, car: 차
3.look at: ~을 보다  4.are: …이다, girl: 소녀  5.student: 학생
6.that: 저것, house: 집

**해석**

1. **나는** 남학생이다.
2. 이것은 **나의** 차이다.
3. 그는 **나를** 바라보았다.
4. **너는** 소녀이다.
5. **우리는** 학생들이다.
6. 저것은 **우리들의** 집이다.

## 영단어 기억법 연습

—볼드체의 우리말을 영단어와 연상시킨다.

1. '**내가** 그것을 할게' 하고 달려간 것은 누구인가?
2. **나의** 차를 영어로 무어라 하는가?
3. **나를** 큰 소리로 부른 소녀는 누구인가?
4. **너를** 깍쟁이라고 놀려대는 미스는 누구인가?
5. ( )의 하늘을 보며 **우리는** 꿈을 키웠다.
6. **우리들의** 방에 누구와 함께 있었는가?

# 대명사(pronoun) 자동기억법(2)

**1  us** [ʌs, 어스] 때 우리(들)에게, 우리들을

> 기억법 **어스**는 **우리들에게** 매우 중요하다.

> 주 **어스**(earth) : 접지(接地)

**2  she** [ʃiː, 쉬-] 때 그녀는, 그녀가

> 기억법 **그녀**는 소파에서 **쉬**[쉬-]고 있다.

**3  her** [həːr, 허-] 때 그녀에게, 그녀를 ; 그녀의

> 기억법 **그녀에게 허어**(虛語 : 거짓말) [허-] 를 하지말라.

> 파 **hers** [həːrz, 허-즈] 그녀의 것

**4  he** [hiː, 히] 때 그는, 그가

> 기억법 **그는 히히**하고 웃었다.

**5  his** [hiz, 히즈] 때 그의 ; 그의 것

> 기억법 **그의** 웃음은 **히죽**[히즈]거리는 웃음이다.

**6  him** [him, 힘] 때 그를, 그에게

> 기억법 **그에게는** 대단한 **힘**이 있다.

> 파 **himself** [himsélf, 힘셀프] 때 그 자신을

1. **us**   Do you know **us**?
2. **she**   **She** is a schoolgirl.
3. **her**   I love **her**.
4. **he**   **He** lives in London.
5. **his**   This is **his** book.
6. **him**   I like **him**.

**Notes**

1.know: 알다   2.schoolgirl: 여학생   3.love: 사랑하다   4.this: 이것, book: 책   5.like: 좋아하다

 **해석**

1. 너는 **우리들을** 아느냐?
2. **그녀는** 여학생이다.
3. 나는 **그녀를** 사랑한다.
4. **그는** 런던에 살고 있다.
5. 이것은 **그의** 책이다.
6. 나는 **그를** 좋아한다.



—볼드체의 우리말을 영단어와 연상시킨다.

1. **우리들에게** 매우 중요한 것은 무엇인가?
2. **그녀는** 소파에서 무엇을 하고 있는가?
3. **그녀에게** 무엇을 하지 말라고 하는가?
4. **그는** 어떻게 웃고 있는가?
5. **그의** 웃음은 어떠한 웃음인가?
6. **그에게는** 대단한 무엇이 있는가?

# 🦗 가족(family) 자동기억법(1)

**1 father** [fá:ðər, **파**-더] 명 아버지

> 기억법 **아버지는** 땅을 **파**[파-] **더** 일하신다.
>
> 파 **fatherland** [fá:ðərlænd, **파**-더랜드] 명 조국
>
> **fatherly** [fá:ðərli, **파**-더리] 형 아버지의

**2 mother** [mʌ́ðər, **머**더] 명 어머니

> 기억법 **어머니!** 먹을 것을 **뭐**[머] **더** 주세요.
>
> 파 **motherly** [mʌ́ðərli, **머**더리] 형 어머니의

**3 brother** [brʌ́ðər, **브러**더] 명 형제, 형님[동생]

> 기억법 그의 **형제는 브라더**[브러더] 미싱 회사에 다닌다.
>
> 파 **brotherly** [brʌ́ðərli, **브러**더리] 형 형제의

**4 sister** [sístər, **씨**스터] 명 자매, 여자형제

> 기억법 여가수 펄 **씨스터**스는 **자매**이다.
>
> 파 **sisterly** [sístərli, **씨**스터리] 형 자매의

**5 daughter** [dɔ́:tər, **도**-터] 명 딸

> 기억법 **딸**은 요리공부로 요리에 **도**[도-]**트**[터]고 있다.
>
> 파 **daughterly** [dɔ́:tərli, **도**-터리] 형 딸의

1. `father` He is now **a father**.
2. `mother` She is a **mother** to the poor.
3. `brother` His elder **brother** lives in Paris.
4. `sister` He has an elder **sister**.
5. `daughter` My **daughter** is very pretty.

**Notes**

1.now: 이제  2.the poor: 가난한 자들  3.elder: 손 위의, 연장의, live: 살다  4.has: have(가지다)의 3인칭 단수
5.very: 매우, pretty: 아름다운

**해석**

1. 그는 이제 **아버지**이다.
2. 그녀는 가난한 자들의 **어머니**이다.
3. 그의 **형님**은 파리에 살고 있다.
4. 그는 **누나**가 한 분 있다.
5. 나의 **딸**은 매우 예쁘다.

**영단어 기억법 연습**  —볼드체의 우리말을 영단어와 연상시킨다.

1. **아버지**는 땅을 어떻게 일궈 일하시는가?
2. **어머니에게** 먹을 것을 어떻게 달라고 하는가?
3. 그의 **형제**는 어떤 미싱회사에 다니는가?
4. 여가수 펄(   )는 **자매**이다.
5. **딸**은 요리공부로 요리에 뭐가 트고 있는가?

# 가족(family) 자동기억법(2)

**1  son**[sʌn, 썬] 몡 아들

> 기억법 **선**[善:착함, 썬]한 **아들**이 효도한다.
>
> 파 **son-in-law**[sʌ́ninlɔ̀:썬인로오] 몡 사위, 양자

**2  uncle**[ʌ́ŋkəl, 엉클] 몡 아저씨, 삼촌

> 기억법 **아저씨**의 머릿결이 **엉클**어져 있다.

**3  aunt**[ænt, 앤트] 몡 아주머니, 숙모

> 기억법 **아주머니**는 마음이 좋아서 잘 **안토**[앤트]라진다.
>
> 주 **토라지다**:사이나 감정이 틀려서 싹 돌아서다
>
> 파 **auntie, aunty**[ǽnti, 앤티] 몡 아줌마(애칭)

**4  wife**[waif, 와이프] 몡 아내, 처

> 기억법 자동차 **와이퍼**[와이프]를 **아내**가 수리하고 있다.
>
> 주 **와이퍼**(wiper):자동차 앞유리 지우개
>
> 파 **wifely**[wáifli, 와이프리] 혱 아내의

**5  husband**[hʌ́zbənd, 허즈번드] 몡 남편

> 기억법 **허즈**(씨는) **번드**르한 실없는 **남편**이다.
>
> 파 **husbandly**[hʌ́zbəndli, 허즈번드리] 혱 남편의

1. son His **son** is very diligent.
2. uncle His **uncle** lives in Seoul.
3. aunt Father's sister is also **aunt**.
4. wife She is a good **wife** and mother.
5. husband A good **husband** makes a good wife.

**Notes**

1.diligent: 부지런한  2.live: 살다  3.sister: 자매, also: 또한
4.good: 훌륭한  5.make: 만들다, wife: 처,아내

해석

1. 그의 **아들**은 매우 부지런하다.
2. 그의 **아저씨**는 서울에서 사신다.
3. 아버지의 누이도 또한 **숙모**[고모]이다.
4. 그녀는 현모양**처**이다.
5. 훌륭한 **남편**이 훌륭한 아내를 만든다.

영단어 기억법 연습  —볼드체의 우리말을 영단어와 연상시킨다.

1. 어떠한 **아들**이 효도하는 것인가?
2. **아저씨**의 머릿결이 어떻게 되어 있는가?
3. **아주머니**는 어떠한 마음씨인가?
4. **아내**가 수리하고 있는 것은 무엇인가?
5. 허즈 씨는 어떠한 **남편**인가?

# 요일 자동기억법

1 **Sunday** [sʌ́ndei, -di, 썬데이] 명 일요일

> 기억법 **일요일**은 **썬**(sun:태양)이 빛나는 날(day)이다.
> 파 **Sundays** [sʌ́ndèiz 썬데이즈] 부 일요일마다

2 **Monday** [mʌ́ndei, -di, 먼데이] 명 월요일

> 기억법 **월요일**은 집에 가는 날로 아직도 **먼데**[먼데이]!
> 파 **Mondays** [mʌ́ndèiz, 먼데이즈] 부 월요일마다

3 **Tuesday** [tjúːzdei, -di, 튜-즈데이] 명 화요일

> 기억법 **화요일**은 **투우소**[튜우즈] 보러 가는 날(day)이다.
> 파 **Tuesdays** [tjúːzdèiz, 튜-즈데이즈] 부 화요일이다.

4 **Wednesday** [wénzdei, 웬즈데이] 명 수요일

> 기억법 **수요일**은 **웬지**[웬즈] **데이트**를 하고 싶은 날이다.

5 **Thursday** [θə́ːrzdei, -di, 서-즈데이] 명 목요일

> 기억법 **목요일**은 친구를 대신해 줄을 **서어 준**[서-즈] 날(day)이다.
> 파 **Thursdays** [θə́ːrzdeiz, 서어즈데이즈] 부 목요일마다
> 주 요일의 첫글자는 항상 대문자로 시작한다.

6 **Friday** [fráidei, 프라이데이] 명 금요일

> 기억법 **금요일**은 계란**프라이**를 해 먹는 날(day)이다.

7 **Saturday** [sǽtərdei, -di, 새터데이] 명 토요일

> 기억법 **토요일**은 명당의 **새터**를 찾아 떠나는 날(day)이다.

1. `Sunday` **Sunday** was a fine day.
2. `Monday` He came here last **Monday**.
3. `Tuesday` **Tuesday** had rained a lot.
4. `Wednesday` We took a walk on **Wednesday**.
5. `Thursday` **Thursday** was very hot.
6. `Friday` It is **Friday** today.

> **Notes**
>
> 1.fine: 화창한  2.came: 오다(come)의 과거, here: 여기에,  last: 지난
> 3.rain: 비오다,  a lot: 많이  4.take a walk: 산책을 하다  5.hot: 더운

**해석**

1. **일요일**은 화창한 날이었다.
2. 그는 지난 **월요일**에 여기에 왔다.
3. **화요일**은 비가 많이 왔다.
4. 우리는 **수요일**에 산책을 하였다.
5. **목요일**은 매우 더웠다.
6. 오늘은 **금요일**이다.

## 영단어 기억법 연습

—볼드체의 우리말을 영단어와 연상시킨다.

1. **일요일**은 무엇이 빛나는 날(day)인가?
2. **월요일**은 집에 가는 날이 아직도( )!
3. **화요일**은 무엇을 보러가는 날(day)인가?
4. **수요일**은 웬지 무엇을 하고 싶은 날일가?
5. **목요일**은 친구를 대신에 무엇을 해준 날(day)인가?
6. **금요일**은 무엇을 해 먹는 날(day)인가?

# 식사(meal) 자동기억법

**1 breakfast** [brékfəst, 브렉퍼스트] 명 아침식사, 조반

> 기억법 저녁의 **단식**(퍼스트:fast)을 **깨는**(브레이크:break) 것이 **아침식사**이다.

**2 supper** [sʌ́pər, 서퍼] 명 저녁식사

> 기억법 **수퍼**[super, 서퍼]에서 사다가 간단히 먹는 것이 **저녁식사**이다.

**3 lunch** [lʌntʃ, 런치] 명 점심

> 기억법 시간이 없어 **달려가**(런;run) **취**[치]하는 것이 점심이다.
>
> 파 **luncheon** [lʌ́ntʃən 런천] 명 점심

**4 dinner** [dínər, 디너] 명 정찬, 정식

> 기억법 **정찬** 준비로 그녀가 불에 **디나**[디너]!
>
> 파 **dinner party**: 만찬[오찬]회

**5 meal** [miːl, 미-일] 명 식사; 끼니

> 기억법 그는 통 **밀**[미이일]로 한 **끼니**를 때웠다.
>
> 주 **통밀**: 빻지 않은 밀

**6 feast** [fiːst, 피-스트] 명 잔치, 향연

> 기억법 **피**(자와) **이스트**로 빵을 만들어 **잔치**를 베풀었다.

1. `breakfast` He has his **breakfast** a little.
2. `supper` I had a heavy **supper**.
3. `lunch` I am at **lunch** now.
4. `dinner` I ate a good **dinner**.
5. `meal` We have three **meals** a day.
6. `feast` He gave a **feast** to his men.

**Notes**

1. have: 먹다, a little: 조금   2. heavy: 많은   3. at lunch: 점심중인, now: 지금   4.ate: eat(먹다)의 과거   5.three: 3,셋   6.gave: give(주다)의 과거

**해석**

1. 그는 **아침식사**를 조금 먹는다.
2. 나는 **저녁(식사)을** 많이 먹었다.
3. 나는 지금 **점심식사** 중이다.
4. 나는 **정찬**을 충분히 먹었다.
5. 우리는 하루에 **세끼**를 먹는다.
6. 그는 부하들에게 **잔치**를 베풀었다.

 **영단어 기억법 연습**
—볼드체의 우리말을 영단어와 연상시킨다.

1. 저녁의 **단식**(fast)을 **깨는**(break) 식사는 무엇인가?
2. **저녁식사**는 어디서 사다가 간단히 먹는가?
3. 달려가(run) 취하는 식사를 무엇이라고 하는가?
4. 그녀가 **정찬** 준비로 불에(   )!
5. 그가 한 **끼니**를 무엇으로 때웠는가?
6. 무엇과 무엇으로 빵을 만들어 **잔치**를 베풀었는가?

# 때(time) 자동기억법

**1 noon** [nuːn, 누운] 몡 정오

> 기억법 그가 **정오**에는 피곤하여 **누운** 채로 TV를 본다.
>
> 파 **noonday** [núːndei, **누**운데이] 정오(의), 대낮(의)


**2 morning** [mɔ́ːrniŋ, **모**오닝] 몡 아침, 오전

> 기억법 그녀는 **아침**에 **모닝**[모오닝]커피를 꼭 한 잔 마신다.
>
> 파 **morning glory** [glɔ́ri, 글로리] 몡 나팔꽃


**3 afternoon** [æftərnúːn, 애프터**누운**] 몡 오후

> 기억법 그녀는 **오후**에 **애부터 누운**[애프터누운] 병원에 먼저 간다.
>
> 파 **afternoon man**;낮술꾼


**4 evening** [íːvniŋ, **이브닝**] 몡 저녁

> 기억법 **저녁**에 야회복을 **입으니**[이브닝] 그녀가 더욱 예쁘다.
>
> 파 **evening dress**:야회복
>
> **evening paper**:석간(신문)


**5 night** [nait, 나이트] 몡 밤

> 기억법 그녀가 **밤**에는 **나이 티**[나이트]가 더 들어 보인다.
>
> 파 **nightfall** [náitfɔːl **나**이트 포올] 몡 해질녘, 황혼
>
> **nightly** [náitli **나**이트리] 혱 밤의, 밤에 일어나는

1.  `noon`  The clock has just struck **noon**.
2.  `morning`  I got up early in the **morning**.
3.  `afternoon`  The meeting began at four in the **afternoon**.
4.  `evening`  He ate supper early in the **evening**.
5.  `night`  I study English at **night**.

**Notes**

1.clock: (괘종)시계, struck: strike(치다)의 과거 2. get up: 일어나다
3.meeting: 회의, began: begin(시작하다)의 과거 4.ate: 먹다(eat)의
과거, supper: 저녁식사  early: 일찍 5.study: 공부하다

**해석**

1. 시계가 마침 **정오**를 쳤다.
2. 나는 **아침** 일찍 일어났다.
3. 회의는 **오후** 4시에 시작했다.
4. 그는 **저녁** 일찍 저녁식사를 먹었다.
5. 나는 **밤**에 영어를 공부한다.

 영단어 기억법 연습 ─볼드체의 우리말을 영단어와 연상시킨다.

1. 그가 **정오**에는 피곤하여 TV를 어떻게 보는가?
2. 그녀는 **아침**에 무엇을 한잔하는가?
3. 그녀가 **오후**에는 어느 병원에 먼저 가는가?
4. **저녁**에 그녀는 야회복을 어떻게 하는가?
5. 그녀가 **밤**에는 무슨 티가 들어 보이는가?

# 과일(fruit) 자동기억법

---

**1  orange** [ɔ́ːrindʒ, 오린지] 몡 귤, 오렌지

> 기억법 **귤**을 먹어 본 지가 정말 **오래**[오린]지 났다.
>
> 주 우리나라에서 나는 귤은 'mandarin orange'라고 한다.

---

**2  apple** [ǽpl, 애플] 몡 사과

> 기억법 **애플**파이는 **사과**로 만든 파이이다.
>
> 파 **applejack** [ǽpldʒæk 애플잭] 몡 사과브랜디

---

**3  pear** [pɛər, 페어] 몡 배(나무)

> 기억법 **페허**[페어]에서도 **배**나무는 재배할 수 있다.

---

**4  peach** [piːtʃ, 피-치] 몡 복숭아

> 기억법 **피치**[피-치] 못할 사정으로 소화가 안 되는 **복숭아**
> 를 먹었다.

---

**5  persimmon** [pərsímən, 퍼시먼] 몡 감(나무)

> 기억법 상자에서 **감**을 **퍼**(내어) **시면**[시면] 버려라.

---

**6  plum** [plʌm, 플럼] 몡 (서양)자두

> 기억법 상자에서 싱싱한 **자두**를 **푸렴**[플럼]!

---

1. `orange`  We eat many **oranges** everyday.
2. `apple`  we raise **apple** tree in the garden.
3. `pear`  There are many **pears** in the basket.
4. `peach`  The **peach** is ripe in summer.
5. `persimmon`  The red **persimmon** is very sweet.
6. `plum`  The **plum** is sour.

**Notes**

1.eat: 먹다, everyday: 매일　　2.raise: 재배하다, garden: 정원
3.there are: ～이 있다, basket: 바구니　　4.ripe: 익은, summer: 여름　　5.sweet: 달은　　6.sour: 신

## 해석

1. 우리는 매일 많은 **오렌지**를 먹는다.
2. 우리는 정원에서 **사과**나무를 재배한다.
3. 바구니에는 **배**가 많이 들어있다.
4. 복숭아는 **여름**에 익는다.
5. **홍시**는 매우 달다.
6. 그 **자두**는 시다.

## 영단어 기억법 연습

—볼드체의 우리말을 영단어와 연상시킨다.

1. **귤**을 먹어 본 지 얼마나 되었는가?
2. **사과**로 만든 파이를 무엇이라고 하는가?
3. **배**나무는 어디에서도 재배할 수 있는가?
4. 소화가 안 되는 **복숭아**를 어떤 사정에서 먹었는가?
5. 상자에서 **감을 퍼** 어떠면 버리라고 했는가?
6. 상자에서 싱싱한 **자두**를 어떻게 하는가?

# 신체기관 자동기억법(1)

**1 eye** [ai, 아이] 몡 눈

> 기억법 키 큰 그 **아이**의 **눈**은 커다랗다.
> 파 **eyebrow** [áibrau, **아이**브라우] 몡 눈썹
> **eyesight** [áisàit, **아이**싸이트] 몡 시력

**2 ear** [iər, 이어] 몡 귀

> 기억법 **귀**는 측면 머리밑으로 **이어**져 있다.
> 파 **eardrum** [íərdrʌm, **이어**드럼] 몡 고막

**3 head** [hed, 헤드] 몡 머리

> 기억법 우리는 **머리**로 글을 **해득**[헤드]한다.
> 파 **headache** [hédèik, **헤드**에이크] 몡 두통
> **headline** [hédlàin, **헤드**라인] 몡 제목, 표제

**4 hair** [hɛər, 헤어] 몡 머리카락

> 기억법 그녀는 **머리카락** 때문에 **헤어**지지는 않았다.
> 파 **hairy** [hɛəri, **헤어**리] 몡 털많은, 털의

**5 nose** [nouz, 노우즈] 몡 코

> 기억법 노우! **노우!**[노우즈] 연발하면서 그는 **코**를 싹싹 문지른다.
> 주 **no**는 [nou]라고 발음함

1. `eye`  He has blue **eyes**.
2. `ear`  We hear with our **ears**.
3. `head`  He struck me on the **head**.
4. `hair`  Her **hair** is blond.
5. `nose`  He has a big **nose**.

**Notes**

1. blue: 푸른  2. hear: 듣다  3. struck: strike(때리다)의 과거
4. blond: 금발의  5. big: 큰

**해석**

1. 그는 푸른 **눈**을 가졌다.
2. 우리는 **귀**로 듣는다.
3. 그는 나의 **머리**를 때렸다.
4. 그녀의 **머리카락**은 금발이다.
5. 그는 큰 **코**를 가지고 있다.

##  영단어 기억법 연습

—볼드체의 우리말을 영단어와 연상시킨다.

1. 누구의 **눈**이 커다랗게 보이는가?
2. **귀**는 측면 머리밑으로 어떻게 접속되었는가?
3. 우리는 **머리**로 글을 어떻게 하는가?
4. 그녀는 **머리카락** 때문에 어떠하였는가?
5. **코**를 싹싹 문지르면서 그는 뭐라고 연발하였는가?

# 신체기관 자동기억법(2)

**1  neck**[nek, 넥] 명 목

> 기억법 **넥**타이는 **목**에다 두른 띠이다.
>
> 파 **necklace**[néklis, 넥크리스] 명 목걸이

**2  hand**[hænd, 핸드] 명 손

> 기억법 **핸드**폰은 **손**에 가지고 다니는 전화이다.
>
> 주 핸드폰(handphone)은 콩그리쉬(Konglish;한국식영어)임. 영어로는 cellular phone임.
>
> 파 **handful**[hǽndful, 핸(드)풀] 명 한 움큼, 한줌

**3  arm**[ɑːrm, 아암] 명 팔

> 기억법 **아암!** 그는 **팔**힘이 과연 세기도 하다.
>
> 파 **armchair**[ɑ́ːrmtʃɛ̀ər, 아암체어] 명 안락의자

**4  finger**[fíŋgər, 핑거] 명 손가락

> 기억법 그는 **손가락**으로 가리키면서 **핑계**[핑거]를 댄다.
>
> 파 **fingerprint**[fíŋgərprint, 핑거프린트] 명 지문
>
> **fingernail**[fíŋgərneil, 핑거네일] 명 손톱

**5  shoulder**[ʃóuldər, 쇼울더] 명 어깨

> 기억법 밤에 **소울더**[쇼울더]니 그는 **어깨**가 축 처졌다.
>
> 파 **shoulder belt**:멜빵, 안전벨트
>
> **shoulder mark**:계급장

1. **neck** — She wears a scarf around her **neck**.
2. **hand** — What do you have in your **hand**?
3. **arm** — She has a baby in her **arms**.
4. **finger** — A hand has four **fingers** and a thumb.
5. **shoulder** — Someone patted me on the **shoulder**.

**Notes**

1.wear: 입다, scarf: 스카프(목도리)　2.what: 무엇
3.baby: 아기　4.thumb: 엄지　5.someone: 누군가,
pat: 두드리다.

**해석**

1. 그녀는 **목**에 스카프를 두르고 있다.

2. **손**에 무엇을 가지고 있습니까?

3. 그녀는 **팔**에 아기를 안고 있다.

4. 손은 네 개의 **손가락**과 한 개의 엄지를 가지고 있다.

5. 누군가가 나의 **어깨**를 두드렸다.

 영단어 기억법 연습 ──볼드체의 우리말을 영단어와 연상시킨다.

1. **목**에다 두르는 띠는 무엇이라 하는가?

2. **손**에 가지고 다니는 전화는 무엇이라 하는가?

3. ( )! 그는 **팔**힘이 과연 세기도 하다.

4. 그가 **손가락**으로 가리키면서 무엇을 대는가?

5. 그가 **어깨**가 축 처진 이유는 무엇인가?

**1 navel**[néivəl, 네이벌] 몡 배꼽

> 기억법 **네 이불**[네이벌]을 **배꼽**까지만 덮고 자라.
>
> 쥐 *cf.* **naval**[néivəl, 네이벌]혱 해군의

**2 cheek**[tʃiːk, 치이크] 몡 뺨, 볼

> 기억법 그녀는 뺨에 **칙**[치-크]즙을 발라댄다.
>
> 파 **cheekbone**[tʃiːkboun, **치**-크보운] 몡 광대뼈

**3 chin**[tʃin, 친] 몡 턱

> 기억법 그와는 **턱**을 서로 비빌 정도로 **친**한 사이이다.

**4 belly**[béli, 베리] 몡 배, 복부

> 기억법 정오 **벨이**[베리] 울리면 그는 **배가** 고프다고 한다.
>
> 파 **bellyache**[bélièik, **베**리에이크] 몡 복통

**5 lip**[lip, 립] 몡 입술

> 기억법 **립**스틱은 **입술**에 바르는 막대기형 연지이다.
>
> 파 **lipstick**[lípstik, **립**스틱] 몡 입술연지
>
> **lip service** 〔립써비스〕말뿐인 호의, 입에발린 치사

1. `navel`   Her **navel** is very small.
2. `cheek`   She kissed the baby on the **cheek**.
3. `chin`   He has a long **chin**.
4. `belly`   His **belly** is swelling.
5. `lip`   He kissed her on the **lips**.

**Notes**

1.small: 작은  2.baby: 아기  3.long: 긴  4.swelling: 부풀은
5.on: 위에

**해석**

1. 그녀의 **배꼽**은 매우 작다.

2. 그녀는 그 아기의 **뺨**에 키스하였다.

3. 그는 긴 **턱**을 가졌다.

4. 그의 **배**는 불룩하다.

5. 그는 그녀의 **입술**에 키스하였다.

## 영단어 기억법 연습

—볼드체의 우리말을 영단어와 연상시킨다.

1. **배꼽**까지만 덮고 자는 것이 무엇인가?

2. 그녀는 **뺨**에 무엇을 발라대는가?

3. **턱**을 서로 비빌 정도로 그와는 어떤 사이인가?

4. 그가 **배**가 고플 때는 무엇이 울릴 때인가?

5. **입술**에 바르는 연지는 무엇이라 하는가?

## 1 **foot** [fut, 풋] 몡 발

기억법 그는 덜 익은 **풋**고추를 **발**로 차버린다.

파 **football** [fútbɔ̀:l, 풋보올] 몡 (미식)축구

**footing** [fútiŋ, 풋팅] 몡 발판, 입장

## 2 **leg** [leg, 렉] 몡 다리

기억법 **래그** [렉] 혼 닭은 **다리**가 길다.

파 **leggy** [légi, 레기] 혱 다리가 길다란

## 3 **knee** [niː, 니-] 몡 무릎

기억법 **니** [네] **무릎**에 무엇을 발랐나?

파 **kneel** [niːl, 니일] 통 무릎을 꿇다.

## 4 **thigh** [θai, 사이] 몡 허벅다리, 넓적다리

기억법 그는 **허벅다리 사이**로 공을 잡았다.

파 **thighbone** [θáibòun, 사이보운] 몡 대퇴골

## 5 **waist** [weist, 웨이스트] 몡 허리

기억법 허리가 **왜이** [웨이] (렇게) **스트**레스를 주느냐?

파 **waistband** [wéistbænd, 웨이스트밴드] 몡 허리띠

1. `foot` A human **foot** has five toes.
2. `leg` A dog has four **leg**s.
3. `knee` She put her elbows on her **knees**.
4. `thigh` Her **thighs** is very fat.
5. `waist` She has a slender **waist**.

**Notes**

1.human: 인간의, toe: 발가락   2.four: 넷   3.put: 놓다,
elbow: 팔꿈치   4.fat: 살찐   5.slender: 날씬한

1. 인간의 **발**은 발가락이 다섯 개이다.
2. 개는 4개의 **다리**가 있다.
3. 그녀는 **무릎** 위에 팔꿈치를 놓았다.
4. 그녀의 **넓적다리**는 살이 쪘다.
5. 그녀는 날씬한 **허리**를 가졌다.

## 영단어 기억법 연습
—볼드체의 우리말을 영단어와 연상시킨다.

1. **발**로 차버린 고추는 어떠한 고추인가?
2. **다리**가 긴 닭은 어떠한 닭인가?
3. ( ) **무릎**에 무엇을 발랐는가?
4. 그는 **허벅다리**( )로 공을 잡았다.
5. **허리**가 어떻게 스트레스를 주는가?

# 신체기관 자동기억법(5)

## 1 heel [hi:l, 힐] 명 뒤꿈치, 굽

> 기억법 하이**힐**을 신으면 **뒤꿈치**가 아프다.
>
> 파 **heeled** [hi:ld] 형 뒤축이 있는

## 2 lung [lʌŋ, 렁] 명 허파, 폐

> 기억법 **허파**는 벌**렁**거리면서 숨쉰다.
>
> 파 **lunged** [lʌŋd, 렁드] 형 폐가 있는

## 3 heart [hɑːrt, 하-트] 명 심장

> 기억법 카드의 **하트**(♥)는 **심장**을 모방하여 만든 것이다.
>
> 파 **hearty** [lɑ́ːrti, 하-티] 형 마음으로부터의, 애정어린

## 4 elbow [élbou, 엘보우] 명 팔꿈치

> 기억법 어제 **애**(를) **보아**[엘보우] **팔꿈치**가 아프다.
>
> 파 **elbow chair** [췌어] 팔걸이 의자

## 5 kidney [kídni, 키드니] 명 신장, 콩팥

> 기억법 어머니가 **키드니 신장**이 아프시다고 한다.
>
> 주 키:곡식 등을 까불러 고르는 기구
>
> 파 **kidney bean** [biːn, 빈] 명 강낭콩

**단어응용문형**

1. `heel`   Put on shoes with high **heels**.
2. `lung`   His left **lung** is bad.
3. `heart`   My **heart** is beating fast.
4. `elbow`   Don't rest your **elbows** on the table.
5. `kidney`   His **kidney** is very strong.

> **Notes**
>
> 1.put on: 신다　high heel: 높은 굽　2.left: 왼쪽의　3.beat: 뛰다
> 4.rest: 기대다　5.strong: 튼튼한

**해석**

1. **굽**이 높은 신을 신어라.
2. 그의 왼쪽 **허파**는 나쁘다.
3. 나의 **심장**이 빨리 뛰고 있다.
4. **팔꿈치**를 테이블에 기대지 마라.
5. 그의 **신장**은 매우 튼튼하다.

**영단어 기억법 연습** —볼드체의 우리말을 영단어와 연상시킨다.

1. 무엇을 신으면 **뒤꿈치**가 아픈가?
2. **허파**는 어떻게 숨쉬는가?
3. **심장**을 모방하여 만든 것이 무엇인가?
4. **팔꿈치**가 아픈 이유가 무엇인가?
5. 어머니는 **신장**이 왜 아프시다고 하는가?

# 🐸 색깔(color) 자동기억법

**1 green** [grí:n, 그린-] 몡 초록, 녹색

> 기억법 그가 도화지에 **초록색** 일색의 그림을 **그린**[그린-]다.
> 파 **greenish** [grí:niʃ, 그린-이시] 형 녹색을 띤

**2 blue** [blu:, 블루-] 몡 파랑, 청색

> 기억법 **파란색**의 하늘은 우리의 꿈을 **부르우**[블루-]!
> 파 **blueish** [blú:iʃ, 블루-이시] 형 푸릇한

**3 yellow** [jélou, 옐로우] 몡 노랑, 황색

> 기억법 **예로**[옐로우]부터 황인종은 **노랑색**이다.
> 파 **yellowish** [jélouiʃ, 옐로우이시] 형 누르스름한

**4 red** [red, 렛] 몡 빨강, 적색

> 기억법 허드**렛** 물이 **빨강**색으로 변했다.
> 파 **reddish** [rédiʃ, 레디시] 형 불그스레한

**5 brown** [braun, 브라운] 몡 갈색

> 기억법 **브라운**씨는 **갈색**의 옷을 입었다.
> 파 **brownish** [bráuniʃ, 브라운이시] 형 갈색을 띤

**6 purple** [pə́:rpl, 퍼플] 몡 자주색

> 기억법 **자주색** 물을 양동이에서 **퍼 불**[퍼플]어라.
> 파 **purplish** [pə́:rpliʃ, 퍼플리시] 형 자주색을 띤

1. **green** My coat is **green**.
2. **blue** The sky is **blue**.
3. **yellow** She wears a **yellow** hat.
4. **red** He painted the box **red**.
5. **brown** Her hair is **brown**.
6. **purple** His lip turned **purple** with cold.

**Notes**

1.coat: 코트   2.sky: 하늘   3.wear: 입고 있다, hat: 모자
4.paint: 칠하다   5.hair: 머리카락   6.lip: 입술, turn: 변하다,
cold: 추위

**해석**

1. 나의 코트는 **초록색**이다.

2. 하늘이 **파랗다**.

3. 그녀는 **노랑**모자를 쓰고 있다.

4. 그는 상자를 **빨갛**게 칠했다.

5. 그녀의 머리는 **갈색**이다.

6. 그의 입술이 추워서 **자주색**으로 변했다.

 **영단어 기억법 연습** —볼드체의 우리말을 영단어와 연상시킨다.

1. 그가 도화지에 **초록색** 일색의 그림을 어떻게 했는가?

2. **파란**색의 하늘은 우리들의 꿈을 어떻게 하는가?

3. 언제부터 **황**인종은 얼굴이 **노란색**인가?

4. 허드( ) 물이 **빨갛게** 변했다.

5. **갈색**의 옷을 입은 사람은 누구인가?

6. **자주색**의 물을 양동이에서 어떻게 해야 하는가?

# 곡물(cereals) 자동 기억법

**1. rice**[rais, 라이스] 몡 쌀, 쌀밥

> 기억법 **쌀밥**은 한국인에게 **나이스**[라이스, nice:최고의]이다.
>
> 파 **rice field**[fíːld, 필-드] 몡 논
> **rice plant**[plænt, 플랜트] 몡 벼(=rice paddy)

**2. barley**[báːrli, 바아리] 몡 보리

> 기억법 **보리**를 담을 **바리**[바아리]를 가져오너라.
>
> 주 **바리**:놋쇠로 만든 여자의 밥그릇

**3. rye**[rai, 라이] 몡 호밀

> 기억법 **나이**[라이]먹은 사람은 **호밀**을 좋아한다.

**4. wheat**[hwiːt, 위이트] 몡 밀, 소맥

> 기억법 **위트**[위이트]가 있는 사람은 **밀**을 좋아한다.
>
> 파 **wheaten**[hwíːtn, 위이튼] 혱 밀의, 밀로 만든
> **wheatmeal**[hwíːtmiːl, 위이트 미이일] 몡 통째로 빻은 밀가루

**5. corn**[kɔːrn, 코오온] 몡 옥수수;곡식

> 기억법 **팝콘**[코오온]의 원료는 **옥수수**이다.
>
> 주 **팝콘**(popcorn):튀긴 옥수수
>
> 파 **corny**[kɔ́ːrni, 코오니] 혱 옥수수의;곡물의

1. `rice` We Koreans live on **rice**.
2. `barley` We harvest **barley** in summer.
3. `rye` The **rye** is raised in northern Europe.
4. `wheat` America exports a lot of **wheat**.
5. `corn` Up **corn**, down horn.

**Notes**

1.live: 살다   2.harvest: 수확하다   3.raise: 기르다, northern: 북쪽의
4.export: ～을 수출하다, a lot of: 많은   5.up: 위로, down: 아래로,
horn:뿔

해석

1. 우리 한국인은 **쌀**을 먹고 산다.
2. 우리는 여름에 **보리**를 수확한다.
3. **호밀**은 북유럽에서 재배된다.
4. 미국은 많은 **밀**을 수출한다.
5. **곡식** 값이 오르면, 쇠고기 값은 떨어진다.

영단어 기억법 연습  —볼드체의 우리말을 영단어와 연상시킨다.

1. **쌀밥**은 한국인에게 어떠한 식사인가?
2. **보리**를 담을 놋쇠로 만든 밥그릇을 무엇이라 하는가?
3. **호밀**을 좋아하는 사람은 어떠한 사람인가?
4. **밀**을 좋아하는 사람은 어떠한 사람인가?
5. **옥수수**는 무엇의 원료가 되는가?

# 고기(meat) 자동기억법

**1 chicken**[tʃíkin, 치킨] 圐 닭고기 ; 병아리

> 기억법 **치킨**센타에서 **닭고기**를 맛있게 먹었다.
>
> 파 **chicken yard** : 양계장

**2 pork**[pɔːrk, 포오크] 圐 돼지고기

> 기억법 나는 **포크**[포오크]로 **돼지고기**를 맛있게 먹었다.
>
> 파 **porker**[pɔ́ːrkər, 포오커] 圐 식용돼지
> **porky**[pɔ́ːrki, 포오키] 휑 돼지(고기)같은 ; 살찐

**3 beef**[biːf, 비이프] 圐 쇠고기

> 기억법 나는 그 **비표**[비이프]로 **쇠고기**를 푸짐하게 샀다.
>
> 파 **beefsteak**[-steik, 비이프스테이크] 圐 비프스테이크

**4 mutton**[mʌ́tn, 머튼] 圐 양고기

> 기억법 **양고기**든 **뭐든**[머튼] 되는대로 주십시오.
>
> 파 **muttony**[mʌ́tni, 머튼니] 휑 양고기의

**5 duck**[dʌk, 덕] 圐 오리고기, 오리

> 기억법 **덕**을 베푸는데는 **오리고기**가 최적이다.
>
> 파 **duckling**[dʌ́kliŋ, 덕클링] 圐 오리새끼
> **ducker**[dʌ́kər, 덕커] 圐 오리사육자

1. **chicken**  We had **chicken** for dinner.
2. **pork**  This **pork** is very delicious.
3. **beef**  He prefer **beef** to pork.
4. **mutton**  I like roast **mutton** specially.
5. **duck**  We have many **ducks** in our farm.

**Notes**

2.delicions: 맛있는  3.prefer A to B: B보다 A를 더 좋아한다,
4.like: 좋아하다, roast: 구운, specially: 특히  5.many: 많은,
farm: 농장

 해석

1. 우리는 만찬으로 **닭고기**를 먹었다.
2. 이 **돼지고기**는 매우 맛이 있다.
3. 그는 돼지고기보다 **쇠고기**를 더 좋아한다.
4. 나는 특히 구운 **양고기**를 좋아한다.
5. 우리는 농장에 많은 **오리**가 있다.

## 영단어 기억법 연습

—볼드체의 우리말을 영단어와 연상시킨다.

1. 어디에서 **닭고기**를 맛있게 먹었습니까?
2. 무엇으로 **돼지고기**를 맛있게 먹었습니까?
3. **쇠고기**를 푸짐하게 산 것은 무엇때문이었습니까?
4. **양고기**든 ( ) 되는 대로 주십시오.
5. **오리고기**는 무엇을 베푸는데 최적입니까?

# 구기 자동기억법

**1 soccer** [sákər, 삭커] 몡 (아식)축구 (=association football)

> 기억법 **축구**경기는 마음을 **삭혀**[삭커]서 관전해야 한다.
> 죄**삭히다**:분한 마음을 가라앉히다

**2 football** [fútbɔ̀ːl, 풋볼-] 몡 (미식)축구

> 기억법 **풋볼**은 풋[foot;발]으로 **볼**을 차는 **축구**이다.
> 죄 **풋보올**은 미식축구를 말한다.

**3 baseball** [béisbɔ̀ːl, 베이스볼-] 몡 야구

> 기억법 **베이스볼**은 **베이스**[base;누(壘)]를 밟고 하는 야구 경기이다.

**4 basketball** [bǽskitbɔ̀ːl, 배스킷볼-] 몡 농구

> 기억법 **배스킷**[baskit;바구니]에 볼을 넣은 경기는 **농구**이다.

**5 volleyball** [bálibɔ̀ːl, 발리볼-] 몡 배구

> 기억법 **발리볼**은 넷[net:그물]을 **발리**어 놓고 하는 **배구**이다.
> 죄**발리다**:오므라진 것을 펴서 열다.
> 源 **volley** [váli, 바리] 몡일제사격;땅에 닿기 전에 공을 치기

**6 ping-pong** [píŋpɔ̀ŋ, 핑퐁] 몡 탁구

> 기억법 **탁구**공이 **핑**(돌아) **퐁**하고 떨어진다.

1. `soccer` **Soccer** is my favorite sport.
2. `football` He is a famous **football** player.
3. `baseball` He likes **baseball** game very much.
4. `basketball` We played **basketball** after school.
5. `volleyball` I want to be a **volleyball** player.
6. `ping-pong` **Ping-pong** game is very interesting.

**Notes**

1.favorite: 아주 좋아하는   2.famous: 유명한, player: 선수   3.very much: 매우   4.after school: 방과후에   5.want: 원하다, be: 되다   6.interesting: 재미있는

**해석**

1. **축구**는 내가 아주 좋아하는 스포츠이다.
2. 그는 유명한 **축구**선수이다.
3. 그는 **야구**경기를 매우 좋아한다.
4. 우리는 방과후에 **농구**를 하였다.
5. 나는 **배구**선수가 되고 싶다.
6. **탁구**경기는 매우 재미가 있다.

## 영단어 기억법 연습

—볼드체의 우리말을 영단어와 연상시킨다.

1. **축구**경기는 마음을 어떻게 하여 관전해야 합니까?
2. 미식**축구**는 무엇으로 하는 축구입니까?
3. **야구** 경기는 무엇을 밟고 하는 경기입니까?
4. **바구니**(basket)에 볼을 넣은 경기는 무엇입니까?
5. **배구**는 넷을 어떻게 해놓고 하는 경기입니까?
6. **탁구**공이 어떻게 돌아 어떻게 떨어지는가?

# 월(month) 자동기억법(1)

**1 January** [dʒǽnjuèri, 재뉴에리] 몡 1월

> 기억법 **제 누**[재뉴]나 **에리**는 **1월**에 여기에 온다.

**2 February** [fébruèri, 페브루에리] 몡 2월

> 기억법 **페부를**[페브루](찔러) **어리**[에리]는 사건이 **2월**에 일어났다.

**3 March** [mɑːrtʃ, 마아치] 몡 3월

> 기억법 그녀는 웨딩 **마치**[마아치]를 **3월**에 울렸다.
>
> 주 **웨딩마치**(wedding march):결혼행진곡

**4 April** [éiprəl, 에이프럴] 몡 4월

> 기억법 **에이프런**[apron:앞치마] [에이프럴]을 입은 아가씨가 **4월**에 나를 찾아온다.
>
> 파 April Fools' Day:만우절

**5 May** [mei, 메이] 몡 5월

> 기억법 **5월**에는 내가 어린이들에게 **매이**[메이]게 된다.
>
> 파 **May day**:노동절; 5월제
>
> **May queen**:5월의 여왕(the queen of the May)

**6 June** [dʒuːn, 주운] 몡 6월

> 기억법 **6월**은 보리 이삭을 **주운** 달이다.
>
> 주 **줍다**:흩어진 것을 집다.

## 단어응용문형

1. **January** We are in **January**.
2. **February** I was born in **February**.
3. **March** Spring begins in **March**.
4. **April** **April** is a budding month.
5. **May** She is the queen of the **May**.
6. **June** The barley is ripe in **June**.

**Notes**

2. born: 태어난  3.spring: 봄, begin: 시작하다  4.budding: 싹이 트는, month: 달  5.queen: 여왕  6.barley: 보리, ripe: 익은

## 해석

1. 지금은 1월이다.
2. 나는 2월에 태어났다.
3. 봄은 3월에 시작된다.
4. 4월은 싹이 트는 달이다.
5. 그녀는 5월의 여왕이다.
6. 보리는 6월에 익는다.

## 영단어 기억법 연습

—볼드체의 우리말을 영단어와 연상시킨다.

1. 1월에 여기에 오는 사람은 누구입니까?
2. 2월에 어떠한 사건이 일어났는가?
3. 그녀가 3월에 울린 것은 무엇입니까?
4. 4월에 나를 찾아온 아가씨는 무엇을 입었는가?
5. 5월에는 내가 어린이들에게 어떻게 되었는가?
6. 6월은 보리이삭을 어떻게 하는 달인가?

# 🐦 월(month) 자동기억법(2)

**1 July** [dʒulái, 주라이] 명 7월

> 기억법 **7월**에는 쓸데가 있으니 더 많은 용돈을 **주라이!**

**2 August** [ɔ́ːgəst, **오**-거스트] 명 8월

> 기억법 **8월**에는 야외에서 **오케스트**[오-거스트]라를 연주한다.

**3 September** [septémbər, 셉**템**버] 명 9월

> 기억법 9월에는 요**셉**(이) **탬버**[셉템버]린을 연주할 것이다.

**4 October** [ɑktóubər, 악**토**우버] 명 10월

> 기억법 그는 **악**(착스럽게) **도버**[토우버]해협을 10월에 건넜다.
>
> 주 도버(Dover)해협 : 영국과 프랑스 사이에 있는 가장 좁은 수역.

**5 November** [novémbər, 노**벰**버] 명 11월

> 기억법 **11월**에는 우리 클럽은 **노멤버**[노벰버]가 된다.
>
> 주 노멤버 : no member(멤버가 없는)

**6 December** [disémbər, 디셈버] 명 12월

> 기억법 아기가 하도 드세 버[디셈버]리고 12월에 그녀는 떠나버렸다.

1. **July** **July** is very hot month.
2. **August** We have holidays in **August**.
3. **September** Fall begins in **September**.
4. **October** The leaves turned red in **October**.
5. **November** The leaves shed in **November**.
6. **December** **December** is very cold.

**Notes**

2.holiday: 휴가  3.fall: 가을  begin: 시작하다  4.leaves: leaf(잎)의 복수, turn: ~으로 변하다  5.shed: 떨어지다  6.cold: 추운

**해석**

1. 7월은 매우 더운 달이다.
2. 8월에는 휴가가 있다.
3. 가을은 9월에 시작한다.
4. 나뭇잎은 10월에는 빨갛게 변한다.
5. 나뭇잎은 11월에 떨어진다.
6. 12월은 매우 춥다

영단어 기억법 연습 —볼드체의 우리말을 영단어와 연상시킨다.

1. 7월은 왜 더 많은 용돈을 (   )하는가?
2. 8월에는 야외에서 무엇을 연주하는가?
3. 9월에 요셉은 무엇을 연주하는가?
4. 그가 10월에 어떻게 무슨 해협을 건넜는가?
5. 11월에는 우리 클럽이 어떻게 되는가?
6. 12월에 아기가 어째서 그녀는 떠나버렸는가?

# 채소(vegetables) 자동기억법(1)

**1** **vegetable** [védʒtəbl. 베지터블] 명 야채, 푸성귀

> 기억법 **베추다발**[베지터블]은 **야채**에 속한다.
>
> 구 a **vegetable** diet : 채식

**2** **carrot** [kǽrət. 캐럿] 명 당근

> 기억법 **당근**을 **케러**[케럿] 텃밭으로 나갔다.
>
> 구 **carrot and stick** : 엿과 채찍 ; 위협과 회유

**3** **watermelon** [wɔ́:tərmèlən. 워-터메런] 명 수박

> 기억법 **물**(water)이 많은 **메론**(melon)이니까 **수**(水)**박**이다

**4** **potato** [pətéitou. 퍼테이토우] 명 감자

> 기억법 감자를 **퍼 태토**[퍼테이토] 위에 넣어 놓았다.
>
> 주 **태토**(胎土) : 바탕흙

**5** **sweet potato** [swíːt pətèitou. 스위트퍼테이토우] 명 고구마

> 기억법 **단**(sweet) 감자(potato)는 **고구마**이다.

**6** **cucumber** [kjúːkəmber. 큐-컴버] 명 오이

> 기억법 그는 **큐**를 가지고 눈을 **껌벅**[컴버] 거리며 오이를 찌른다.
>
> 주 **큐**(cue) : 당구봉

1. **vegetable**    We eat **vegetables** everyday.
2. **carrot**    A **carrot** is a vegetable good for the health.
3. **watermelom**    A **watermelon** is raised in summer.
4. **potato**    I would like to eat **potato**.
5. **sweet potato**    A **sweet potato** got in from Japan.
6. **cucumber**    He is as cool as a **cucumber**.

**Notes**

1.eat: 먹다, everyday: 매일  2.health: 건강  3.raise: 재배하다
4.would like to: −을 하고 싶다  5.get in: 들어오다, Japan: 일본
6.cool: 냉정한

**해석**

1. 우리는 매일 **야채**를 먹는다.
2. **당근**은 건강에 좋은 야채이다.
3. **수박**은 여름에 재배된다.
4. 나는 **감자**가 먹고 싶다.
5. **고구마**는 일본에서 들어왔다.
6. 그는 아주 침착하다.

 **영단어 기억법 연습**

—볼드체의 우리말을 영단어와 연상시킨다.

1. **야채**에 속하는 다발은 무슨 다발인가?
2. **당근**을 어떻게 하기 위해 텃밭으로 나갔는가?
3. **물**이 많은 메론을 무엇이라고 하는가?
4. **감자**를 어떻게 하여 어디에다 널어 놓았는가?
5. **단감자**는 무엇이라 하는가?
6. 그가 무엇을 가지고 눈을 어떻게 하며 **오이**를 찌르는가?

# 채소(vegetables) 자동기억법(2)

**1 pumpkin** [pʌ́mpkin, 펌프킨] 몡 호박

> 기억법 **펌프**로 물을 길어 **큰**[킨] 호박을 씻었다.
>
> 파 **pumkin head** [hed, 헤드] 몡 멍텅구리, 돌대가리

**2 cabbage** [kǽbidʒ, 캐비쥐] 몡 양배추

> 기억법 양배추를 **캐**(어) **비지**[비쥐]에 버무리세요.
>
> 주 **버무리다**:골고루 한데 뒤섞다.

**3 Chinese cabbage** [tʃainíːz kǽbidʒ, 차이니즈 캐비지]

몡 배추

> 기억법 중국의(Chinese) 양배추(cabbage)이니까, 즉 우
>
> 리가 먹는 동양의 **배추**이다.

**4 radish** [rǽdiʃ, 래디쉬] 몡 무

> 기억법 **무**를 먹으면서 **래디**[lady:숙녀]가 **쉬**고 있다.
>
> 주 래디(lady)의 발음은[léidi, 레이디]임

**5 pea** [piː, 피-] 몡 완두콩

> 기억법 **완두콩**의 꽃이 한창 **피**[피-]고 있다.

1. **pumpkin** — A **pumpkin** pie is very delicious.
2. **cabbage** — I don't like boiled **cabbage**.
3. **Chinese cabbage** — Kimchi is made of **Chinese cabbage**.
4. **radish** — He doesn't like **radish** kimchi.
5. **pea** — We raise **peas** in summer.

**Notes**

1.delicious: 맛있는   2.boiled: 데친, 삶은   3.be made of: ～으로 만들어지다   4.like: 좋아하다   5.raise: ～을 재배하다

**해석**

1. **호박**파이는 매우 맛이 있다.
2. 나는 데친 **양배추**를 싫어한다.
3. 김치는 **배추**로 만든다.
4. 그는 **무**김치를 싫어한다.
5. 우리는 여름에 **완두콩**을 재배한다.

**영단어 기억법 연습**

—볼드체의 우리말을 영단어와 연상시킨다.

1. 큰 **호박**을 무엇으로 퍼서 씻었는가?

2. **양배추**를 어떻게 하여 무엇에 버물렸는가?

3. 우리가 먹는 **배추**는 중국의 양배추라 하여 무엇이라 하는가?

4. **무**는 누가 먹으며 무엇을 하고 있는가?

5. **완두콩**의 꽃이 한창 어떡하고 있는가?

# 🦌 동물(animal) 자동기억법(1)

**1 deer** [diər, 디어] 몡 사슴

> 기억법 **사슴**이 불에 **데어**[디어] 놀라 달아난다.

**2 tiger** [táigər, 타이거] 몡 호랑이

> 기억법 기아 **타이거스**는 **호랑이**처럼 잘 싸워 이긴다.
> 파 **tigress** [táigris, 타이그리스] 몡 암호랑이

**3 ox** [ɑks, 악스] 몡 (*pl.* oxen) (거세한)황소

> 기억법 거대한 **황소**가 **악쓰**[악스]며 달려든다.
> 파 **ox-eyed** [áksàid, 악스아이드] 혱 눈이 큰

**4 bull** [bul:, 불-] 몡 (거세하지 않은)황소(*cf.*cow:암소)

> 기억법 **불**까지 않은 **황소**는 힘이 세다.
> 주 **불**:불알
> 파 **bullring** [búlriŋ, 불링] 몡 투우장

**5 lion** [láiən, 라이언] 몡 사자

> 기억법 삼성 **라이언스**는 **사자**처럼 용맹하다.
> 파 **lioness** [láiənis, 라이언니스] 몡 암사자

1. **deer**   A **deer** is run away in surprise.
2. **tiger**   I saw a **tiger** in the zoo.
3. **ox**   There are many **oxen** on the grass.
4. **bull**   The **bull** are grazing in the pasture.
5. **lion**   The **lion** is the king of beasts.

**Notes**

1.run away: 달아나다, in surpise: 놀라서　2.saw: see(보다)의 과거, zoo: 동물원　3.grass: 초원　4.graze: 풀을 뜯어먹다, pasture: 목장
5.king: 왕, beast: 동물



1. **사슴**이 놀라서 달아나고 있다.
2. 나는 동물원에서 **호랑이**를 보았다.
3. 초원에는 많은 **황소**들이 있다.
4. **황소**가 목장에서 풀을 뜯어 먹고 있다.
5. **사자**는 동물들의 왕이다.



—볼드체의 우리말을 영단어와 연상시킨다.

1. **사슴**이 어떻게 되어 달아나는가?
2. **호랑이**처럼 잘 싸운 야구팀은 어느 팀인가?
3. 거대한 **황소**가 어떻게 달려드는가?
4. 어떻게 하여야 힘이 센 **황소**가 되는가?
5. **사자**처럼 용맹스러운 야구팀은 어느 것인가?

# 동물(animal) 자동기억법(2)

**1  zoo** [zuː, 주] 몡 동물원

> 기억법 그는 **동물원**에서 **주우**(酒友)〔주-〕와 술 한 잔을 했다.
>
> ㊀ **주우**(酒友) : 술친구
>
> 파 **zoology** [zouɑ́lədʒi, 조우**아**러지] 몡 동물학

**2  zebra** [zíːbrə, 지-브러] 몡 얼룩말

> 기억법 **얼룩말**아 얼룩무늬로 멋지게 폼을 **제부러** [zebra, 지-브러] 라!

**3  whale** [*h*weil, 웨일] 몡 고래

> 기억법 **고래**가 숨쉴 때 파도가 **왜일** [웨일]까?
>
> 파 **whaling** [*h*wéiliŋ, 웨일링] 몡 고래잡이, 포경

**4  wolf** [wulf, 울프] 몡 이리, 늑대

> 기억법 **늑대**가 멀리서 처량하게 **울부** [울프] 짖는다.
>
> 파 **wolfish** [wúlfiʃ, 울피시] 혱 이리같은

**5  fox** [fɑks, 팍스] 몡 여우

> 기억법 **여우**가 총을 맞고 멀리서 **팍 쓰** [팍스] 러진다.
>
> 파 **foxy** [fɑ́ksi, 팍시] 몡 여우같은, 교활한

1. **zoo**    I took the children to the **zoo**.
2. **zebra**    A **zebra** lives in Africa.
3. **whale**    A **whale** lives in the sea.
4. **wolf**    A **wolf** is a fierce animal.
5. **fox**    He is cunning as a **fox**.

**Notes**

1.take A to B: A를 B에 데리고 가다    2.live: 살다    3.sea: 바다
4.fierce: 사나운, animal: 동물    5.cunning: 교활한



1. 나는 어린이들을 **동물원**에 데리고 갔다.
2. **얼룩말**은 아프리카에서 산다.
3. **고래**는 바다에서 산다.
4. **늑대**는 사나운 동물이다.
5. 그는 **여우**처럼 교활하다.

—볼드체의 우리말을 영단어와 연상시킨다.

1. 그는 **동물원**에서 누구와 술 한 잔을 했는가?
2. **얼룩말**이 얼룩무늬로 폼을 어떻게 잡는가?
3. **고래**가 숨쉴 때 파도가 어떠한가?
4. **늑대**가 멀리서 처량하게 무엇을 하는가?
5. **여우**가 총을 맞고 어떻게 하는가?

# 동물(animal) 자동기억법(3)

**1** **horse** [hɔːrs, 호오스] 몡 말

> 기억법 그는 **호수**[호오스]를 바라보며 멋있게 **말**을 타고 간다.
>
> 파 **horseman** [hɔ́ːrsmən, **호**오스먼] 몡 기수, 승마자

**2** **pig** [pig, 피그] 몡 돼지

> 기억법 살찐 **돼지**가 픽[피그] 쓰러진다.
>
> 파 **piggish** [pígiʃ, **피**기시] 혱 돼지같은, 욕심많은

**3** **hog** [hɔːg, 호-그] 몡 (성장한 식용)돼지

> 기억법 그는 **호구**[호-그] 대책으로 **돼지**를 기른다.
>
> 주 **호구**(糊口):겨우 먹고 삶
>
> 파 **hoggish** [hɔ́ːgiʃ, **호**오기시] 혱 돼지같은;이기적인

**4** **mouse** [maus, 마우스] 몡 생쥐

> 기억법 컴퓨터 **마우스**가 꼭 **생쥐**같이 생겼다.
>
> 파 **mousetrap** [máustræp, **마**우스트랩] 몡 쥐덫
>
> **mousey, mousy** [máusi, **마**우시] 혱 (생)쥐같은

**5** **owl** [aul, 아울] 몡 올빼미

> 기억법 **올빼미** 깃에는 검정과 회색을 **아울**러 가지고 있다.
>
> 파 **owlish** [áuliʃ, **아**울리시] 몡 올빼미같은

1. `horse` He is riding the **horse**.
2. `pig` His **pig** is very fat.
3. `hog` There are many **hog**s in pigpen.
4. `mouse` A **mouse** runs about in the room.
5. `owl` An **owl** is a bird with round eyes.

---

**Notes**

1. ride: …을 타다  2.fat: 살찐  3.pigpen: 돼지우리  4.run about: 자유롭게 돌아다니다.  5.bird: 새, round: 둥근, 원형의

---

**해석**

1. 그는 **말**을 타고 있다.
2. 그의 **돼지**는 매우 살찌다.
3. 돼지우리에는 많은 **돼지**들이 있다.
4. **생쥐** 한 마리가 방에서 뛰어 돌아다닌다.
5. **올빼미**는 둥그런 눈을 가진 새이다.

**영단어 기억법 연습** ——볼드체의 우리말을 영단어와 연상시킨다.

1. 그가 멋있게 **말**을 타면서 어디를 바라보는가?

2. 살찐 **돼지**는 어떻게 쓰러지는가?

3. 그가 어떤 대책으로 **돼지**를 기르는가?

4. **생쥐**같이 생긴 것이 컴퓨터의 무엇인가?

5. **올빼미**의 깃에는 어떤 색들을 어떻게 가지고 있는가?

# 동물(animal) 자동기억법(4)

## 1 **bear** [bɛər, 베어] 몡 곰

기억법 **곰**이 **베어**낸 나무 줄기에 올라가 있다.

파 **bear garden**:곰 우리

## 2 **rabbit** [rǽbit, 래빗] 몡 (집)토끼

기억법 **내빗**[래빗]으로 **토끼**의 털을 빗어준다

파 **rabbitry** [rǽbitri, 래빗트리] 몡 양토장

cf. * **hare** [hɛər, 헤어] 몡 산토끼

## 3 **turkey** [tə́ːrki, 터어키] 몡 칠면조

기억법 **터키**[터어키]에서 수입한 **칠면조**가 맛이 있다.

파 **turkey cock** [kɑk, 칵]:수칠면조(↔turkey hen)

## 4 **donkey** [dáŋki, 당키] 몡 당나귀

기억법 **당나귀**에 **당기**[당키]를 달고 전당대회에 입장한다.

파 **donkey work** [dáŋkiwə́ːrk, 당키워크] 단조롭고 힘드는 일

주 donkey(당나귀)는 미국 민주당의 상징임.

## 5 **bat** [bæt, 뱃] 몡 박쥐

기억법 **뱃**머리에 **박쥐**가 많이 날아든다.

〔어구〕as blind [blaind, 브라인드] as **bat**:장님이나 다름없는

1.  `bear`  I have seen a brown **bear**.
2.  `rabbit`  He keeps many **rabbits**.
3.  `turkey`  We raise a lot of **turkeys**.
4.  `donkey`  She rides a **donkey** skillfully.
5.  `bat`  There are many **bat**s in the caves.

> **Notes**
>
> 1.seen: see(보다)의 과거분사, brown: 갈색의  2.many: 많은, keep: 기르다  3.rasise: 기르다, a lot of: 많은  4.ride: 타다, skillfully: 능란하게  5.cave: 동굴

**해석**

1. 나는 불**곰**을 보았다.
2. 그는 많은 **토끼**를 기른다.
3. 우리는 많은 **칠면조**를 기른다.
4. 그녀는 **당나귀**를 능란하게 탄다.
5. 동굴에는 많은 **박쥐**들이 있다.

 **영단어 기억법 연습**  —볼드체의 우리말을 영단어와 연상시킨다.

1. **곰**은 어떠한 나무에 올라가 있는가?
2. **토끼**의 털을 누구의 빗으로 빗어주는가?
3. 어디에서 수입한 **칠면조**가 맛이 있는가?
4. **당나귀**가 무엇을 달고 전당대회에 입장하는가?
5. **박쥐**가 많아 날이 든 곳은 어디인가?

# 새(bird) 자동기억법

---

**1  eagle** [iːgl, 이-글] 명 독수리

기억법 **이글**[이-글]거리는 태양아래서 **독수리**가 날고 있다.

파 **eaglet** [íːglit, 이-글리트] 명 새끼독수리

---

**2  crane** [krein, 크레인] 명 두루미, 학

기억법 **크레인** 기중기 위에 **두루미**가 앉아 있다.

주 기중기와 두루미의 영어 철자는 같음.

---

**3  cuckoo** [kúkuː, 쿡쿠] 명 뻐꾸기

기억법 **뻐꾸기**는 **쿡쿠**[쿡쿠]소리를 내면서 운다.

파 **cuckoo clock** [klak, 클락] 명 뻐꾹시계

---

**4  parrot** [pǽrət, 패럿] 명 앵무새

기억법 그녀는 아름다운 **앵무새**를 막대기로 **패러**[패럿] 들었다.

파 **parrotry** [pǽrətri, 패럿트리] 명 입내, 흉내

---

**5  sparrow** [spǽrou, 스패로우] 명 참새

기억법 **참새**가 **숲에로**[스패로] **우**[울]면서 간다.

파 **sparrow hawk** [hɔːk, 호오크] 명 새매

---

**6  magpie** [mǽgpài, 맥파이] 명 까치

기억법 **까치**가 **맥**(麥:보리)으로 만든 **파이**를 먹어버렸다.

---

1. `eagle`  A **eagle** is a bird of prey.
2. `crane`  A **crane** sits down on the pine tree.
3. `cuckoo`  The **cuckoo** cries at night.
4. `parrot`  He repeated the word like a **parrot**.
5. `sparrow`  The **sparrows** are chirping in the woods.
6. `magpie`  The **magpie** is our national bird.

**Notes**

1.bird: 새, prey: 먹이    2.pine tree: 소나무, cry: 울다
4.repeat: 반복하다, word: 말    5.chirp: 지저귀다, woods: 숲
6.national: 국가의

**해석**

1. **독수리**는 맹금이다.

2. **두루미**는 소나무 위에 앉는다.

3. **뻐꾸기**는 밤에 운다.

4. 그는 **앵무새**처럼 그 말을 반복하였다.

5. **참새**들이 숲속에서 지저귀고 있다.

6. **까치**는 우리나라의 국조(國鳥)이다.

**영단어 기억법 연습**
—볼드체의 우리말을 영단어와 연상시킨다.

1. **독수리**는 어떠한 상황 하에서 날고 있는가?

2. **두루미**가 앉아 있는 곳은 어디인가?

3. **뻐꾸기**는 어떻게 소리를 내며 우는가?

4. 그녀가 아름다운 **앵무새**에게 어떻게 하려 하는가?

5. **참새**가 어디로 가면서 무엇을 하고 있는가?

6. **까치**가 (      )으로 만든 **파이**를 먹어버렸는가?

**1 girl** [gə:rl, 거얼] 명 소녀

> 기억법 목소리가 걸**걸**[거얼]한 그 **소녀**는 허스키 가수이다
>
> 주 **허스키**(husky):목이 쉰 소리의

**2 boy** [bɔi, 보이] 명 소년

> 기억법 **소년**들 눈에 잘 **보이**는 것은 오락실이다.
>
> 파 **boyfriend** [bɔ́ifrend, **보**이프렌드] 명 남자친구

**3 book** [buk, 북] 명 책, 서적

> 기억법 그는 **북**을 치며 **책**을 보고 있다.
>
> 파 **booking** [búkiŋ, **부**킹] 명 예약;장부기입

**4 car** [kɑ:r] 명 자동차

> 기억법 마이**카** 시대에 나는 **자동차**도 없다.
>
> 파 **car park** [pɑ:rk, 파아크] 명 주차장(parking lot)

**5 door** [dɔ:r, 도어] 명 문, 출입문

> 기억법 그녀는 **문**을 열고 '**도와**[도어]주세요' 한다.
>
> 파 **doorman** [dɔ́:rmæn, **도**어맨] 명 (호텔등의)문 열어주는 사람, 문지기

1. **girl** She is a beautiful **girl**.
2. **boy** He is a school**boy**.
3. **book** This **book** is easy to read.
4. **car** My **car** is new-model.
5. **door** Close the **door** behind you.

**Notes**

1.beautiful: 아름다운   2.schoolboy: 남학생   3.easy: 쉬운, read: 읽다   4.new-model: 신형의   5.close: 닫다, behind: 뒤에

**해석**

1. 그녀는 아름다운 **소녀**이다.

2. 그는 **남**학생이다.

3. 이 **책**은 읽기가 쉽다.

4. 내 **차**는 신형이다.

5. 드나들 때에는 **문**을 닫아라.

 영단어 기억법 연습 —볼드체의 우리말을 영단어와 연상시킨다.

1. 허스키 가수인 그 **소녀**는 목소리가 어떠했는가?

2. **소년**들 눈에는 오락실이 어떠한가?

3. 그는 **책**을 무엇을 하면서 보고 있는가?

4. **자동차**는 어떤 시대를 가져왔는가?

5. 그녀는 **문**을 열고 무엇이라고 하는가?

# 중요단어 자동기억법(2)

**1 teach** [tiːtʃ, 티-치] 통 가르치다

> 기억법 **이치** [이치]가 **트** [티]토록 잘 가르친다.
>
> 파 **teacher** [tíːtʃər, 티-처] 명 선생님, 교사
> **teaching** [tíːtʃiŋ, 티-칭] 명 교육, 수업

**2 chalk** [tʃɔːk, 초-크] 명 분필

> 기억법 그는 **분필**을 연필 **촉** [초-크]처럼 뾰족하게 만든다.
>
> 파 **chalkboard** [tʃɔ́ːkbɔ̀ːrd, 초-크 보오드] 명 칠판

**3 egg** [eg, 에그] 명 달걀

> 기억법 그녀는 **달걀**을 깨뜨리고 **에그**머니하고 소리친다.
>
> 파 **egg white** : 흰자위

**4 good** [gud, 굿] 형 좋은, 훌륭한

> 기억법 '**굿**이나 보고 떡이나 먹지' 하는 **좋은** 속담이 있다.
>
> 파 **good-bye** [gúd-bai, 굿바이] 명 안녕
> **goodness** [gúdnis, 굿니스] 명 선량, 착함

**5 floor** [flɔːr, 플로어] 명 마루, 층

> 기억법 **마루**를 아교풀로 [풀로어] 칠한 나무로 이어간다.
>
> 파 **flooring** [flɔ́ːriŋ, 플로-링] 명 바닥깔기 ; 마루청

1. **teach**　He **teaches** history to us.
2. **chalk**　She writes in **chalk**.
3. **egg**　Hens lay **eggs**.
4. **good**　Roses smell **good**.
5. **floor**　The kitchen **floor** is made of wood.

**Notes**

1.history: 역사　2.write: (글을)쓰다　3.hen: 암탉, lay: …을 낳다
4.rose: 장미, smell: …냄새가 나다　5.kitchen: 부엌, made:
make(만들다)의 과거분사, wood: 나무

**해석**

1. 그는 우리들에게 역사를 가르친다.

2. 그녀는 분필로 글을 쓴다.

3. 암탉이 달걀을 낳는다.

4. 장미는 냄새가 좋다.

5. 부엌 마루는 나무로 만들어져 있다.

**영단어 기억법 연습**　—볼드체의 우리말을 영단어와 연상시킨다.

1. 그는 어떻게 잘 **가르치**는가?

2. 그가 **분필**을 어떻게 만드는가?

3. 그녀가 **달걀**을 깨뜨리고 무엇이라고 하는가?

4. ( )이나 보고 떡이나 먹지 하는 **좋은** 속담이 있다.

5. **마루**를 아교( ) 칠한 나무로 이어간다.

**1 house** [haus, 하우스] 뗑 집, 가옥

> 기억법 비닐 **하우스**는 야채를 기르는 **집**이다.
>
> 파 **household** [háushould, **하우스호올드**] 뗑 가족, 세대

**2 wall** [wɔːl, 월-] 뗑 벽, 담

> 기억법 **월**[月; 달]의 빛이 **벽**에 밝게 비친다.
>
> 파 **wallpaper** [wɔ́ːlpèipər, 월-페이퍼] 뗑 벽지

**3 fish** [fiʃ, 피시] 뗑 물고기

> 기억법 **물고기**를 튀기면 **피시**피시하고 소리를 낸다.
>
> 파 **fisherman** [fíʃərmən, **피**서면] 뗑 어부
> **fishery** [fíʃəri, 피서리] 뗑 어업

**4 gun** [ɡʌn, 건] 뗑 총

> 기억법 **건**을 쓴 사람이 멋진 **총**을 가지고 있다.
>
> 주 **건**(巾):헝겊으로 만든 두건
>
> 파 **gunman** [ɡʌ́nmən, **건**면] 뗑 총기 휴대자, 총잡이

**5 chair** [tʃɛər, 체어] 뗑 의자

> 기억법 그가 **의자**에 발이 **치여**[체어] 넘어졌다.
>
> 파 **chairman** [tʃɛ́ərmən, **체어**면] 뗑 의장, 사회자

1. `house` An Englishman's **house** is his castle.
2. `wall` **Walls** have ears.
3. `fish` This river is rich in **fish**.
4. `gun` The police carry **guns** here.
5. `chair` Won't you take a **chair**?

**Notes**

1.castle: 성(城)  3.river: 강, rich: 풍부한  4.police: 경찰, carry: 가지고 다니다 5.take a chair: 착석하다

**해석**

1. 영국인의 **집**은 자기의 성이다.

2. **벽**에도 귀가 있다.

3. 이 강은 **물고기**가 풍부하다.

4. 경찰이 이곳에서는 **총**을 휴대하고 있다.

5. 앉으시지요.

 **영단어 기억법 연습** ──볼드체의 우리말을 영단어와 연상시킨다.

1. 야채를 기르는 **집**을 무엇이라고 하는가?

2. **벽**에 밝게 비치는 것은 무엇의 빛인가?

3. **물고기**를 튀기면 무슨 소리를 내는가?

4. 멋진 **총**을 가지고 있는 사람은 무엇을 쓰고 있는가?

5. 그가 **의자**에 왜 넘어졌는가?

# 중요단어 자동기억법(4)

**1 mirror**[mírər,미러] 몡 거울

> 기억법 그는 **거울**을 **밀어**[미러] 놓고 면도부터 한다.
>
> 파 **mirror image**[ímidʒ,**이**미지] 몡 경상(좌우가 거꾸로 되는)

**2 bed**[bed,베드] 몡 침대

> 기억법 그는 **침대**에서는 **배도**[베드]하지 않으려고 다짐한다.
>
> 주 **배도**(背道): 도리에 어그러짐
>
> 파 **bedroom**[bédrùm, **베**드룸] 몡 침실

**3 moon**[muːn, 문-] 몡 달

> 기억법 어머니는 **달**을 보며 아들의 **무운**[문-]을 빈다.
>
> 주 **무운**(武運):무인으로서 운
>
> 파 **moonlight**[múːnlait,**문**-라이트] 몡 달빛

**4 lily**[líli, 릴리] 몡 백합(꽃), 나리

> 기억법 그녀는 **백합**꽃만 보면 **릴리**리야가 절로 나온다.
>
> 파 **lily-white**[lílihwait, **릴**리화이트] 혱 백합처럼 흰, 새하얀

**5 jewel**[dʒúːəl, 주-얼] 몡 보석

> 기억법 들판에서 **보석**을 **주울**[주우얼] 가능성은 너무나 희박하다.
>
> 파 **jeweler**[dʒúːələr, **주**-얼러] 몡 보석상

1. mirror She looks at herself in the **mirror**.
2. bed He usually goes to **bed** at ten.
3. moon There was no **moon** that night.
4. lily The **lily** smells sweet.
5. jewel We bought this **jewel** for our mother.

**Notes**

1.look at: ～을 바라보다, herself: 그녀 자신  2.usually: 보통  3.that night: 그 날 저녁  4.smell: 냄새가 나다. sweet: 향기로운  5.bought: buy(사다)의 과거

## 해석

1. 그녀는 **거울**로 자기 자신을 바라본다.
2. 그는 보통 10시에 **잠자리**에 든다.
3. 그 날 밤에는 **달**이 없었다.
4. 그 **백합**은 냄새가 향기롭다.
5. 우리는 어머니를 주기 위해 이 **보석**을 샀다.

## 영단어 기억법 연습

—볼드체의 우리말을 영단어와 연상시킨다.

1. 그는 **거울**을 어떻게 하고 면도부터 하는가?
2. 그가 **침대**에서 무엇을 하지 않으려고 다짐하는가?
3. 어머니는 **달**을 보고 아들의 무엇을 비는가?
4. 그녀는 **백합**꽃만 보면 무슨 흥이 나는가?
5. **보석**을 들판에서 (   ) 가능성은 매우 희박하다.

# 중요단어 자동기억법(5)

**1  tree**[triː, 트리-] 명 나무

> 기억법 플라스틱보다는 **나무**로 만든 사진**틀이**[트리-] 보다 견고하다.
>
> 파 **treetop**[tríːtɑp, 트리-탑] 명 나무끝, 우듬지

**2  pencil**[pénsəl, 펜슬] 명 연필

> 기억법 **펜 쓸**[슬]줄 모르는 사람은 **연필**로 써도 된다.
>
> 파 **pencil sharpener**[ʃɑ́ːrpənər, 사아픈너] 명 연필깎이

**3  map**[mæp, 맵] 명 지도

> 기억법 **맵**시있게 차려 입는 소녀가 **지도**를 보고 있다.
>
> 파 **mapping**[mǽpiŋ, 맵핑] 명 지도작성

**4  juice**[dʒuːs, 주-스] 명 즙, 액

> 기억법 **주스**는 과일에서 짜낸 **즙**으로 만든다.
>
> 파 **juicy**[dʒúːsi, 주-시] 형 즙이 많은, 수분이 많은

**5  king**[kiŋ, 킹] 명 왕, 임금

> 기억법 **임금**이 위엄없이 **킹킹**거리는 말을 해서는 안된다.
>
> 파 **kingdom**[kíŋdəm, 킹덤] 명 왕국

1. `tree` Birds are sitting in the **tree**.
2. `pencil` You can write it with a **pencil**.
3. `map` He is drawing a **map**.
4. `juice` I drank a glass of tomato **juice**.
5. `king` He became **king** in 1830.

---

**Notes**

1.bird: 새, sit: 앉다   2.write: 쓰다   3.draw: ～을 그리다
4.drank: drink(마시다)의 과거, glass: 잔   5.became: become(되다)의 과거

## 해석

1. 새들이 **나무**에 앉아 있다.
2. 너는 **연필**로 그것을 써도 좋다.
3. 그는 **지도**를 그리고 있다.
4. 나는 토마토 **주스** 한 잔을 마셨다.
5. 그는 1830년에 **왕**이 되었다.

##  영단어 기억법 연습

—볼드체의 우리말을 영단어와 연상시킨다.

1. **나무**로 만든 무엇이 플라스틱 보다 견고한가?
2. **연필**로 써도 되는 사람은 어떠한 사람인가?
3. **지도**를 보고 있는 소녀는 어떻게 차려 입었는가?
4. 과일에서 짜낸 **즙**으로 무엇을 만드는가?
5. **임금**은 위엄없이 어떻게 말을 해서는 안되는가?

**1 knife**[naif, 나이프] 명 칼

> 기억법 **나이브**[나이프]한 그 사람이 **칼**을 가지고 다닌다고 하니 놀랍다.
>
> 주 **나이브**(naive) : 순진한, 천진난만한
>
> 파 **knife-edge**[knáifedʒ,**나**이프에지] 명 칼의 날

**2 board**[bɔːrd,보오드] 명 널빤지, 널

> 기억법 하드 **보드**[보오드]는 단단한 **널빤지**이다.
>
> 파 **boarding**[bɔ́ːrdiŋ,**보**오딩] 명 널판장(대기)

**3 flag**[flæg,플래그] 명 기, 깃발

> 기억법 **기**가 바람에 의해 세게 **플럭**[프래그] 거린다.
>
> 파 **flagman**[flǽgmən,플**래**그먼] 명 신호 기수, 신호 수

**4 cook**[kuk, 쿡] 명 요리사

> 기억법 **요리사**는 신선도를 알기 위해 생선을 **쿡쿡** 찔러본다.
>
> 파 **cooker**[kúkər,**쿡**커] 명 요리도구
> **cookery**[kúkəri,**쿡**커리] 명 요리법

**5 umbrella**[ʌmbrélə,엄브**렐**러] 명 우산

> 기억법 **엄**(마)는 **브렐러**에게 우산을 집어준다.
>
> 파 **umbrella stand** : 우산꽂이

1. | knife | He cut the apple with a **knife**.
2. | board | **Boards** are used in building houses.
3. | flag | What **flag** is the ship flying?
4. | cook | She is a good **cook**.
5. | umbrella | He closed his **umbrella**.

**Notes**

1.cut: 베다   2.use: 사용하다, build: 짓다   3.what: 무슨, fly: 날다
4.good: 잘 하는   5.close: 닫다, 접다.

**해석**

1. 그는 **칼**로서 사과를 베었다.
2. **널빤지**는 집을 짓는데 쓰인다.
3. 그 배는 어떤 **기**를 달고 있습니까?
4. 그녀는 **요리**를 잘한다.
5. 그는 **우산**을 접었다.

 영단어 기억법 연습

―볼드체의 우리말을 영단어와 연상시킨다.

1. **칼**을 가지고 다닌 사람에게 왜 놀랐는가?
2. 단단한 **널빤지**를 무엇이라 하는가?
3. **기가** 바람에 의해 어떻게 움직이고 있는가?
4. **요리사**가 신선도를 알기 위해 생선을 어떻게 하는가?
5. 엄마는 누구에게 **우산**을 집어주었는가?

1 **desk**[desk, 데스크] 명 책상

> 기억법 뉴스**데스크**는 **책상** 앞에서 뉴스방송을 진행한다.
>
> 파 **desktop**[désktɑp, 데스크탑] 명 탁상용 컴퓨터

2 **farm**[fɑːrm, 파암] 명 농장

> 기억법 그는 땅을 **팜**[파암]으로써 **농장**을 일군다.
>
> 파 **farmer**[fɑ́ːrmər, 파아머] 명 농부, 농민

3 **singer**[síŋər, 싱어] 명 가수

> 기억법 그녀는 그 **가수**에게 **싱어**를 푸짐하게 제공하였다.
>
> 주 **싱어** ; 멸치과의 물고기
>
> 源 < **sing**(노래하다)

4 **key** [kiː, 키-] 명 열쇠 (*cf.* lock :자물쇠)

> 기억법 **키**[키-]가 큰 선수는 농구경기에서 승리의 **열쇠**가 된다.
>
> 파 **keynote**[kíːnòut, 키-노우트] 명 주음, 주지

5 **soldier**[sóuldʒər, 소울저] 명 군인

> 기억법 **군인**들은 **소울** 때 꿀을 **져**[저] 나른다.
>
> 파 **soldierlike** [sóuldʒəlaik, 소울저라이크] 형 군인다운

1. `desk`  There is a book on the **desk**.
2. `farm`  He works at a **farm.**
3. `singer`  She is a good **singer**.
4. `key`  He put the **key** in the lock.
5. `soldier`  The **soldiers** lined up quickly.

**Notes**

1.There is~: …이 있다  2.work: 일하다  3.good: 잘 하는  4.put: 넣다, lock: 자물쇠 5.line up: 줄서다, quickly: 빨리

**해석**

1. **책상**위에 책이 한 권 있다.
2. 그는 **농장**에서 일한다.
3. 그녀는 노래를 잘한다.
4. 그는 **열쇠**를 자물쇠에 넣었다.
5. **군인**들은 재빨리 줄을 섰다.

 영단어 기억법 연습 —볼드체의 우리말을 영단어와 연상시킨다.

1. **책상** 앞에서 뉴스방송을 진행하는 것을 무엇이라 하는가?
2. 그는 땅을 어떻게 하여 **농장**을 일구고 있는가?
3. 그녀는 **가수**에게 무엇을 푸짐하게 제공하였는가?
4. 농구경기에서 승리의 **열쇠**는 무엇인가?
5. **군인**들은 어느때 꿀을 어떻게 나르는가?

# 🏃 중요단어 자동기억법(8)

**1 doctor** [dάktər, 닥터] 몡 의사, 박사

> 기억법 그 환자는 **의사**에게 **탁 터**[닥터] 놓고 증세를 말하였다.
>
> 파 **dotorate** [dάktərit, 닥터리트] 몡 박사학위

**2 queen** [kwi:n, 퀴인] 몡 여왕, 왕비

> 기억법 그 **퀴인**[퀴인]은 마침내 그 나라의 **여왕**이 되었다.
>
> 파 **queenly** [kwí:nli, 퀴인리] 혱 여왕다운

**3 leaf** [li:f, 리-프] 몡 나뭇잎(복수:leaves)

> 기억법 **나뭇잎**은 5월에는 푸른 **잎**[리-프→립→잎]으로 돋아난다.
>
> 파 **leafy** [lí:fi, 리-피] 혱 잎이 무성한

**4 home** [houm, 호움] 몡 가정, 자기집

> 기억법 아버지는 **우리집** 마당에 **홈[호움]**을 파서 물을 흘러
> 보냈다.
>
> 파 **homeland** [hóumlænd, 호움랜드] 몡 고국, 본국

**5 stay** [stei, 스테이] 몡 머무르다

> 기억법 그녀는 레스토랑에서 **스테이크**를 먹으면서 **머무른다.**
>
> 파 **stayer** [stéiər, 스테이어] 몡 체재자

1. doctor You'd better see a **doctor**.
2. queen The lady became the **queen** of the country.
3. leaf The tree comes into **leaves** in May.
4. home She keeps a happy **home**.
5. stay I usually **stay** in bed till eight on Sunday.

**Notes**

1.had better: ～하는 것이 좋다, see: 진찰을 받다　2.became: become(되다)의 과거, country: 나라　3.come into leaves: 나무잎이 나기 시작하다　4.keep: 유지하다　5.usually: 보통, till: ～까지

## 해석

1. 너는 **의사**에게 진찰을 받아보는 것이 좋다.
2. 그 귀부인은 그 나라의 **여왕**이 되었다.
3. 그 나무는 5월에 **잎**이 나오기 시작한다.
4. 그녀는 행복한 **가정**을 꾸미고 있다.
5. 나는 일요일에는 보통 8시까지 잠자리에 **머무른다**.

 영단어 기억법 연습

—볼드체의 우리말을 영단어와 연상시킨다.

1. 그 환자는 **의사**에게 증세를 어떻게 말하였는가?
2. 그 나라의 **여왕**은 어떠한 사람이 되었는가?
3. **나뭇잎**은 5월에는 어떻게 돋아나는가?
4. **우리집** 마당에 무엇을 파서 물을 흘러 보냈는가?
5. 그녀는 레스토랑에서 무엇을 먹으면서 **머무렀는가**?

# 🏋️ 중요단어 자동기억법(9) – 형용사

### 1 **long** [lɔːŋ, 롱–] [형] 긴(↔ short)

> [기억법] 그녀의 **롱**[롱–] 다리가 **길고** 미끈하여 멋지다.
>
> [파] **longevity** [lɑndʒévəti, 란제버티] [명] 장수, 수명

### 2 **tall** [tɔːl, 톨–] [형] 키큰(↔short)

> [기억법] 그는 밤 한 **톨**, 한 **톨**[톨–]을 먹고 **키 큰** 청년이 되었다.
>
> [파] **tallness** [tɔ́ːlnis, 톨–니스] [명] 높음, 키가 큼

### 3 **wide** [waid, 와이드] [형] 폭이 넓은 (↔ narrow)

> [기억법] 시네라마 같은 **와이드** 스크린은 **폭이 넓은** 대형스크린이다.
>
> [파] **widely** [wáidli, 와이드리] [부] 널리, 먼곳에
> **width** [widθ, 위드스] [명] 폭, 너비

### 4 **short** [ʃɔːrt, 쇼오트] [형] 짧은

> [기억법] **쇼트**[쇼오트] 타임은 **짧은** 시간을 말한다.
>
> [파] **shorten** [ʃɔːrtn, 쇼오튼] [동] 짧게 하다.

### 5 **high** [hai, 하이] [형] 높은(↔low)

> [기억법] 그는 자기 **하의**[하이]를 벗어 **높은** 못에다 걸었다.
>
> [파] **highly** [háili, 하이리] [부] 높이, 매우
> **highness** [háinis, 하이니스] [명] 높음, 높이

1. long    This skirt is **long** enough for me.
2. tall    How **tall** are you?
3. wide    The river is seventy meters **wide**.
4. short    The coat is **short** on me.
5. high    The sun is already **high** in the sky.

**Notes**

1.skirt: 스커트(치마), enough: 충분한    2.how: 얼마, 어떻게
3.river: 강    4.coat: 코트(상의)    5.sun: 해, already: 벌써   sky: 하늘

해석

1. 이 스커트는 나에게는 충분히 **길다**.

2. 너의 **키는** 얼마이냐?

3. 그 강은 **폭이** 70m이다.

4. 그 코트는 나에게는 **짧다**.

5. 해는 벌써 하늘 **높이** 떠 있다.

## 영단어 기익법 연습

—볼드체의 우리말을 영단어와 연상시킨다.

1. 그녀의 **길고** 미끈한 다리를 무엇이라고 하는가?

2. **키 큰** 그 청년은 무엇을 먹고 그렇게 되었는가?

3. **폭이 넓은** 대형 스크린은 무엇이라 하는가?

4. **짧은** 시간을 무엇이라고 하는가?

5. 그가 벗어 **높은** 못에 걸은 것은 무엇인가?

# 🏃 중요단어 자동기억법(10)

1  **god** [gɑd, 갓] 몡 하느님, 신

> 기억법 그들은 **갓**쓴 그 노인을 마치 **하느님**처럼 받든다.
>
> 파 **goddess** [gɑ́dis, 가디스] 몡 여신

2  **catch** [kætʃ, 캐취] 동 잡다

> 기억법 야구경기에서 **캐처** [캐취]는 멋지게 공을 **잡는다.**
>
> 주 **캣처**(catcher) : (야구) 포수
>
> 파 **catch phrase** [preiz, 프레이즈] 몡 경구, 표어

3  **sale** [seil, 세일] 몡 판매

> 기억법 물건은 **판매**기간에 **세일**가격으로 사야 싸게 산다.
>
> 파 **salesman** [séilzmən, 세일즈먼] 몡 판매원, 점원

4  **see** [siː, 씨-] 동 보다

> 기억법 그들은 조그마한 열매**씨** [씨-]를 자세히 **보고 있다.**
>
> 파 **seeing** [síːiŋ, 씨-잉] 몡 보는 것 :시력

5  **fool** [fuːl, 푸울] 몡 바보

> 기억법 **바보**가 **풀** [푸울]을 죽이라고 먹어댄다.
>
> 파 **foolish** [fúːliʃ, 푸울리시] 혱 어리석은

1. `god` Do you believe in **God**?
2. `catch` He **caught** me by the neck.
3. `sale` They had only five **sales** all day.
4. `see` I **saw** many flowers in the garden.
5. `fool` He is no **fool** at all.

**Notes**

1.believe in: ~을 믿다.  2.caught: catch(잡다)의 과거, neck: 목
3.all day: 하루종일 4.saw: see(보다)의 과거   5.at all: 전혀

 해석

1. 당신은 **하느님**을 믿습니까?
2. 그는 나의 목덜미를 **잡았다**.
3. 그들은 하루종일 겨우 5건의 **판매**만을 하였다.
4. 나는 정원에서 많은 꽃을 **보았다**.
5. 그는 전혀 **바보**가 아니다.

## 영단어 기억법 연습

—볼드체의 우리말을 영단어와 연상시킨다.

1. 그들이 **하느님**처럼 받드는 노인은 무엇을 쓰고 있는가?
2. 야구장에서 공을 멋지게 **잡은**자는 누구인가?
3. **판매**기간 싸게 사는 가격은 무슨 가격인가?
4. 그들은 조그마한 **씨**를 어떻게 하고 있는가?
5. **바보**가 먹어대는 죽이 사실은 무엇인가?

# 중요단어 자동기억법(11)

**1** **rain** [rein, 레인] 몡 비

> 기억법 **레인** 코트는 **비**올 때 입는 **비**옷이다.
>
> 파 **rainy** [réini, 레이니] 혱 비의, 비가 오는

**2** **snow** [snou, 스노우] 몡 눈

> 기억법 **스노**[스노우] 타이어는 **눈**길을 달릴 때 다는 타이어이다.
>
> 파 **snowy** [snóui, 스노우이] 혱 눈이 내리는, 눈의

**3** **cloud** [klaud, 클라우드] 몡 구름

> 기억법 **클라우드**씨가 **구름**의 상태를 보고 우산을 가지고 나간다
>
> 파 **cloudy** [kláudi, 클라우디] 혱 구름이 낀, 흐린

**4** **hot** [hɑt, 핫] 혱 더운

> 기억법 그는 **핫** 도그를 먹으면서 **더워 더워** 한다.
>
> 파 **hotness** [hátnis, 핫니스] 몡 더위

**5** **cold** [kould, 코울드] 혱 추운, 찬 ; 추위

> 기억법 **콜드**[코울드] 체인은 **찬** 음식물을 제공하는 연쇄점
>
> 의 유통기구이다.
>
> 파 **coldly** [kóuldli, 코울드리] 뷔 춥게, 차게

1. `rain` We had a lot of **rain** last year.
2. `snow` We have had a lot of **snow** this year.
3. `cloud` **Clouds** formed in the sky.
4. `hot` I like my coffee **hot**.
5. `cold` We are now having **cold** weather here.

**Notes**

1.a lot of: 많은,  last year: 작년      2.this year: 금년
3.form: 모양이 되다      5.weather: 날씨,   here: 여기에

**해석**

1. 작년에는 **비**가 많이 왔다.
2. 금년에는 **눈**이 많이 내렸다.
3. **구름**이 하늘에 나타났다.
4. 나는 **뜨거운** 커피를 좋아한다.
5. 이곳은 이제 **추운** 날씨가 되어가고 있다.

**영단이 기억법 연습**　　—볼드체의 우리말을 영단어와 연상시킨다.

1. **비**올 때 입는 **비**옷을 무엇이라 하는가?
2. **눈** 길을 달릴 때 어떠한 타이어가 필요한가?
3. **구름**을 보고 우산을 가지고 나간 사람은 누구인가?
4. 그가 무엇을 먹고 **더워**, **더워** 하는가?
5. **찬** 음식물을 제공하는 연쇄점의 기구는 무엇이라 하는가?

### 1 **doll** [dɑl, 달] 명 인형

> 기억법 그녀는 **달**같이 아름다운 **인형**을 가지고 있다.
>
> 파 **dolly** [dɑ́li, 다리] 명 (어린애말) 인형

### 2 **toy** [tɔi, 토이] 명 장난감

> 기억법 사회자는 **장난감**을 예로 들면서 **토의**[토이]를 진행해 나간다.
>
> 파 **toyshop** [tɔ́iʃɑp, 토이샵] 명 장난감 가게, 완구점

### 3 **sugar** [ʃúgər, 슈거] 명 설탕

> 기억법 미화원이 내버린 **설탕**부대를 **수거**[슈거]해 간다.
>
> 파 **sugarcane** [ʃúgərkèin, 슈거케인] 명 사탕수수

### 4 **send** [send, 센드] 동 보내다

> 기억법 **샌드**[센드] 위치를 봉사하는 그들에게 점심으로 **보낸다.**
>
> 파 **sender** [séndər, 센더] 명 발송인

### 5 **read** [riːd, 리-드] 동 읽다

> 기억법 **리드**[lead, 러-드]를 잘하는 사람은 책을 많이 **읽는다.**
>
> 파 **reader** [ríːdər, 리이더] 명 독자, 독서가

1.  **doll**   She likes to play with **dolls**.
2.  **toy**   The little girl has a lot of **toys**.
3.  **sugar**   Do you take **sugar** in your coffee?
4.  **send**   I **sent** the parcel by post.
5.  **read**   This book is **read** by many young people.

**Notes**

1.play with: ～과 놀다 2.little: 어린  4.sent: send(보내다)의 과거, parcel: 소포, post: 우편   5.many: 많은, young: 젊은

## 해석

1. 그녀는 **인형**과 같이 놀기를 좋아한다.
2. 그 어린 소녀는 많은 **장난감**을 가지고 있다.
3. 당신이 마실 커피에 **설탕**을 넣습니까?
4. 나는 우편으로 소포를 **보냈다**.
5. 이 책은 많은 젊은이들이 **읽는다**.

## 영단어 기억법 연습

—볼드체의 우리말을 영단어와 연상시킨다.

1. 그녀는 어떠한 **인형**을 가지고 있는가?
2. 사회자는 **장난감**을 예로 들면서 무엇을 진행하는가?
3. 미화원은 내버린 **설탕**부대를 어떻게 하는가?
4. 봉사하는 그들에게 점심으로 **보낸** 것은 무엇인가?
5. 책을 많이 **읽는** 사람을 무엇을 잘하는 사람인가?

# 🏍️ 중요단어 자동기억법(13)

**1  young**[jʌŋ,영] 혭 젊은

> 기억법 **젊은** 시절은 한번 지나가면 **영영** 돌아오지 않는다.
>
> 파 **youngster**[jʌ́ŋstər,영스터] 젊은이(↔oldster)

**2  sit**[sit,씻] 동 앉다

> 기억법 먼저 손 발을 **씻**고 자리에 **앉아라.**
>
> 파 **sitter**[sítər,씻터] 명 착석자; 간호인

**3  old**[ould,오울드] 혭 늙은, 나이먹은

> 기억법 **올드**[오울드] 미스는 얼굴이 **나이먹어** 보인다.
>
> 파 **olden**[ouldn, 오울든] 혭 오래된, 옛날의

**4  care**[kɛər,케어] 명 걱정, 근심

> 기억법 그녀는 나에게 **걱정**이 있는가 계속 **케어** 묻는다.
>
> 파 **careless**[kɛ́əlis,케어리스] 혭 걱정이 없는, 부주의한

**5  write**[rait,라이트] 동 쓰다

> 기억법 그는 헤드**라이트**(headlight)를 켜고서 몇 자 글을 **쓴다.**
>
> 파 **writer**[ráitər,라이터] 명 작가, 필자

1. `young`  He died **young**.
2. `sit`  He **sits** reading a book.
3. `old`  She is ten years **old**.
4. `care`  She is free from **care** now.
5. `write`  Will you **write** me soon?

**Notes**

1.die: 죽다   2.read: ~을 읽다   3.year: 년, 해   4.be free from: ~이 없다.   5.soon: 곧

1. 그는 **젊어서** 죽었다.
2. 그는 **앉아서** 책을 읽고 있다.
3. 그녀는 10**살**이다.
4. 그녀는 이제 **걱정**이 없다.
5. 저에게 곧 편지를 **써주시겠습니까**?

## 영단어 기억법 연습

—볼드체의 우리말을 영단어와 연상시킨다.

1. **젊은** 시절이 지나가 버리면 어떻게 되는가?
2. 먼저 손발을 (  )고 자리에 **앉아**야 한다.
3. 얼굴이 **나이먹어** 보이는 처녀를 무엇이라 하는가?
4. 그녀가 나에게 **걱정**이 있는가 없는가 계속 어떻게 하는가?
5. 그가 무엇을 켜고 몇 자 글을 **쓰는가**?

# 중요단어 자동기억법(14)

**1  money** [mʌ́ni, 머니] 몡 돈

> 기억법 **뭐니 뭐니**[머니]해도 **돈**이 최고이다.
>
> 파 **moneymaking** [mʌ́nimèikiŋ, **머니**메이킹] 몡 돈벌이

**2  man** [mæn, 맨] 몡 남자, 사람

> 기억법 **남자**는 **맨**손으로 **맨**땅에서 농사지을 수 있다.
>
> 파 **manly** [mǽnli, **맨**리] 혱 남자다운, 씩씩한

**3  woman** [wúmən, **우**먼] 몡 여자

> 기억법 **여자**가 **우면**[우먼] 매우 슬피 울게 된다.
>
> 파 **womanly** [wúmənli, **우**먼리] 혱 여자다운

**4  bottom** [bátəm, 바텀] 몡 밑(바닥), 기초

> 기억법 **밑 바탕**[버텀]을 그려보니 윤곽이 드러난다.
>
> 파 **bottomless** [bátəmlis, **바**텀리스] 혱 밑 바닥이 없는

**5  bottle** [bɑtl, 바틀] 몡 병

> 기억법 **병**은 마개를 **바**(로) **틀**어야 따지게 된다.
>
> 파 **bottleneck** [bátlnek, **바**틀 넥] 몡 병목, 좁은 통로

1. money   I have no **money** with me.
2. man   **Man** is stronger than woman.
3. woman   The little girl grew into a beautiful **woman**.
4. bottom   There is a little left in the **bottom**.
5. bottle   We must recycle these **bottles**.

**Notes**

2.strong: 힘이 센, woman: 여자  3.little: 어린,  grew:grow(자라다)의 과거 4.left: leave(남아 있다)의 과거  5.recycle: 재활용하다.

## 해석

1. 나는 **돈**이 전혀 없다.
2. **남자**는 여자보다 힘이 세다.
3. 어린 소녀가 자라서 아름다운 **여자**가 되었다.
4. **밑바닥**에 조금 남아 있다.
5. 우리는 이들 **병**을 재활용해야 한다.

## 영단어 기억법 연습

—볼드체의 우리말을 영단어와 연상시킨다.

1. ( ) ( )해도 **돈**이 최고이다.
2. **남자**는 농사를 어떻게 짓는가?
3. **여자**는 어떨 때 슬퍼하는가?
4. **밑** ( )을 그려보니 윤곽이 드러난다.
5. 마개를 어떻게 해야 **병**이 따지게 되는가?

**1 many** [méni, 메니] 형 많은

> 기억법 밭에서 김을 **매니**[메니] **많은** 땀이 난다.
>
> 파 **many-sided** [méni sáidid, **메니사**이디드] 형 다방면에 걸친

**2 middle** [midl, 미들] 형 중앙의, 한 가운데의 ; 중앙

> 기억법 **믿을**[미들]수 있는 친구라곤 **중앙**청에 근무하는 친구뿐이다.
>
> 파 **middle-aged** [midléidʒd, 미들에이쥐드] 형 중년의

**3 some** [sʌm, 섬] 형 약간의, 다소의

> 기억법 요즈음 **섬**들이 피서 인파로 **다소**간 오염되고 있다.
>
> 파 **somebody** [sʌ́mbàdi, **섬**바디] 대 누군가

**4 dirty** [dɔ́ːrti, 더어티] 형 더러운

> 기억법 이것에 이이상 **더(어) 티**가 있으면 **더러운** 물이다.
>
> 파 **dirty work** : 더러운 일, 부정행위

**5 several** [sévərəl, 세브럴] 형 몇 개의, 여러 개의

> 기억법 이왕에 물건을 세려면 **몇 개**를 더 **세부러**[세브럴]라!
>
> 파 **severalty** [sévərəlti, **세브럴**티] 명 개별성, 각자

1. `many` How **many** days are there in a week?
2. `middle` He is a man in his **middle** fifties.
3. `some` I want **some** money.
4. `dirty` His clothes are very **dirty**.
5. `several` I have been there **several** times.

> **Notes**
>
> 1.week: 주일   2.fifties: 50대   3.want: 필요하다   4.clothes: 의복
> 5.have been: ～에 갔다 왔다, there: 거기에, times: ～번, 회

**해석**

1. 일 주일에는 **며칠**이 있습니까?
2. 그는 50대 **중반**의 사람이다.
3. 나는 **약간**의 돈이 필요하다.
4. 그의 옷은 매우 **더럽다**.
5. 나는 **여러** 번 거기에 갔다 왔다.

## 영단어 기억법 연습

—볼드체의 우리말을 영단어와 연상시킨다.

1. **많은** 땀이 난 이유는 무엇 때문인가?
2. **중앙**청에 근무하고 있는 친구는 어떠한 대상이 되는가?
3. 피서 인파로 **다소간** 오염되어 있는 곳은?
4. **더러운** 물이 되면 무엇이 더 있어야 하는가?
5. 이 왕에 물건을 세려면 **몇 개**를 더 (   )라.

# 🚴 탈 것(vehicle)의 자동기억법

**1 train** [trein, 트레인] 명 기차

> 기억법 그 **기차**에는 수많은 **트레이**[트레인]**너**들이 타고 있었다.
>
> 주 **trainer** [tréinər, 트레이너] 명 코치, 훈련자
>
> 파 **trainman** [tréinmən, 트레인먼] 명 열차승무원

**2 bus** [bʌs, 버스] 명 버스, 승합자동차

> 기억법 그 **버스**가 사고가 나서 **버스**러져 있었다.
>
> 주 **버스러지다** : 조각이 나서 흩어지다.

**3 truck** [trʌk, 트럭] 명 화물자동차

> 기억법 **화물자동차**가 화물을 싣고 **트랙**[트럭] 위를 달리고 있다.
>
> 파 **truckage** [trʌkidʒ, 트럭키지] 명 트럭운송(료)

**4 subway** [sʌ́bwei, 서브웨이] 명 지하철

> 기억법 땅 **아래로**(sub-) 다니는 **길**(way)이라고 해서 **지하철**이 된다.

**5 airplane** [ɛə́rplein, 에어플레인] 명 비행기

> 기억법 **비행기**에 신선한 **에어**(air:공기)를 넣어 두뇌**플레이**[플레인]을 해보자.

**6 bicycle** [báisikl, 바이시클] 명 자전거

> 기억법 **두 개**[bi-(=two)]의 **바퀴**[ cycle(=wheel)]로 이루어진 것이 **자전거**이다.

1. `train`  I must take this **train**.
2. `bus`  Where's the **bus** to the station?
3. `truck`  The woods are carried by **truck**.
4. `subway`  Let's go there by **subway**.
5. `airplane`  He traveled Europe by **airplane**.
6. `bicycle`  He goes to school by **bicycle**.

**Notes**

1.take: ～을 타다   2.station: 정거장, 역   3.wood: 나무, carry: 나르다 4.let's: ～하자   5.travel: 여행하다   6.go: 가다, school: 학교

**해석**

1. 나는 이 **기차**를 타야 한다.
2. 역으로 가는 **버스**는 어느 곳에 있습니까?
3. 그 나무들은 **트럭**으로 옮겨진다.
4. **지하철**로 그곳에 갑시다.
5. 그는 **비행기**로 유럽을 여행하였다.
6. 그는 **자전거**로 학교에 간다.

**영단어 기억법 연습**  —볼드체의 우리말을 영단어와 연상시킨다.

1. 그 **기차**에는 어떠한 사람들이 타고 있었는가?

2. 그 **버스**는 사고가 나서 어떻게 되어버렸는가?

3. **화물자동차**가 화물을 싣고 어디를 달리고 있는가?

4. **땅 아래**로 다니는 길을 무엇이라고 하는가?

5. **비행기에서** 신선한 (    )로 무엇을 해볼 것인가?

6. **자전거**는 두개의 (    )로 이루어져 있다.

# 중요단어 자동기억법(16)

**1 shut** [ʃʌt, 셧] 图 닫다(=close)

> 기억법 **셧**터를 내리고 점원은 문을 **닫는다**.
>
> 파 **shutter**[ʃʌ́tər, 셧터] 명 셔터, 덧문

**2 speak** [spiːk, 스피-크] 图 말하다

> 기억법 강사가 **스피커**[스피-크]로 열심히 **말한다**.
>
> 파 **speaker**[spíːkər, 스피커] 명 연사 ; 스피커

**3 show**[ʃou, 쇼우] 图 보여주다, 진열하다

> 기억법 그는 애인에게 멋진 **쇼**[쇼우]를 극장에서 **보여주었다**.
>
> 파 **show window** : 진열창

**4 stand** [stænd, 스탠드] 图 일어서다

> 기억법 **스탠드**를 꽉 매운 관중들이 **일어서서** 응원하고 있다.
>
> 파 **standby**[stǽndbai, 스탠바이] 명 원조자; 준비

**5 open**[óupən, 오우픈] 图 열다

> 기억법 **오픈**[오우픈] 게임을 하고 나서 정식 경기를 **열게 된다**.
>
> 주 오픈게임은 Konglish(한국식 영어)임
>
> 파 **opener**[óupənər, 오우픈너] 명 여는 사람 : 병따개
> **opening**[óupəniŋ, 오우픈닝] 명 열기, 개방

1.   `shut`   He **shut** the door behind him.
2.   `speak`   You are **speaking** too rapidly.
3.   `show`   He **showed** several pictures.
4.   `stand`   They are **standing** in line.
5.   `open`   Will you please **open** the window?

**Notes**

1.door: 문, behind: 뒤에    2.too: 너무, rapidly: 빨리
3.piture: 사진    4.in line: 줄을 지어    5.window: 창문

해석

1. 그는 드나들 때 문을 **닫는다**.
2. 너는 너무 빨리 **말을 한다**.
3. 그는 여러 개의 사진을 **보여주었다**.
4. 그들은 줄을 지어 **서있다**.
5. 창문 좀 **열어**주시겠습니까?

## 영단어 기억법 연습

—볼드체의 우리말을 영단어와 연상시킨다.

1. 점원은 문을 어떻게 **닫는가**?
2. 강사는 무엇을 가지고 열심히 **말하는가**?
3. 그는 극장에서 애인에게 무엇을 **보여주었는가**?
4. **일어서서** 응원하는 관중들은 어디를 꽉 메웠는가?
5. 정식 경기를 **열기** 전에 무슨 경기를 먼저 하는가?

# 중요단어 자동기억법(17)

**1 tear**[tiər,티어] 명 눈물

> 기억법 슬픈 소식을 들으니 **눈물**이 **튀어**[티어] 나올 것 같았다
>
> 파 **tearful**[tíərfəl,**티**어펄] 형 눈물어린;슬픈

**2 theater**[θíətər,**시**어터] 명 극장

> 기억법 친구와 함께 **극장**에 가보니 **시어 터**진 볼 것 없는
>
> 영화뿐이었다.
>
> 파 **theatrical**[θiǽtrikəl,시**애**트리컬] 형 극장의, 연극의

**3 dish**[diʃ,디쉬] 명 접시

> 기억법 그녀는 비싼 접시를 **디씨**[디쉬]하여 싸게 샀다.
>
> 주 dc는 discount(할인)의 단축형
>
> 파 **dish towel**[táuəl,**타**우얼] 명 행주

**4 village**[vílidʒ,**빌**리지] 명 마을

> 기억법 여기는 방이 없으니 다음 **마을**에 가서 방을 **빌리지**!
>
> 파 **villager**[vílidʒər,**빌**리저] 명 마을 사람

**5 weather**[wéðər,**웨**더] 명 날씨

> 기억법 하필 **날씨**가 이렇게 **왜 더** [웨더]웁지!
>
> 파 **weatherman**[wéðərmæn,**웨**더맨] 명 일기예보자

1.  `tear`  **Tears** rolled down her cheeks.
2.  `theater`  I went to the **theater** yesterday.
3.  `dish`  He sometimes washes the **dishes**.
4.  `village`  There was a fishing **village** there.
5.  `weather`  We are going to have rainy **weather**.

**Notes**

1.roll down: 굴러 내려오다, cheek: 뺨    2.went: go(가다)의 과거,
yesterday: 어제    3.sometimes: 때때로, wash: 씻다
4.fishing village: 어촌    5.rainy: 비오는

1. **눈물**이 그녀의 뺨 위에 흘러내렸다.

2. 나는 어제 **극장**에 갔다.

3. 그는 때때로 **접시**를 닦는다.

4. 그곳에는 한 **어촌**이 있었다.

5. **날씨**는 비가 올 것 같다.

🍀 **영단어 기억법 연습**  —볼드체의 우리말을 영단어와 연상시킨다.

1. 슬픈 소식을 들으면 **눈물**이 어떠할 것 같은가?

2. **극장**에 가보니 영화는 어떠한 것들이었는가?

3. 그녀는 비싼 **접시**를 어떻게 하여 샀는가?

4. 여기는 방이 없어서 다음 **마을**에 가서 어떻게 해야 하는가?

5. 하필 **날씨**가 이렇게 ( ) ( ) 웁지?

# 🏃 중요단어 자동기억법(18)

**1 town** [taun, 타운] 명 (소)도시, 읍

> 기억법 코리아 **타운**은 한국인이 사는 (소)**도시**지역이다.
>
> 파 **townsman** [táunzmən, **타**운즈먼] 명 도회지인;읍민

**2 visit** [vízit, 비짓] 동 방문하다

> 기억법 그녀는 사람들을 **비집**[비짓]고 들어가 그를 간신히
>
> **방문하였다.**
>
> 파 **visitor** [vízitər, **비**짓터] 명 방문객, 손님

**3 throw** [θrou, 스로우] 동 던지다

> 기억법 공을 **스로**[스로우]인 할 때는 살짝 **던져라.**
>
> 주 **throw-in** [θróuin, 스로인] 명 공을 안으로 던지는 것
>
> 파 **throw-off** [θróuɔf, 스로우옵] 명 개시, 출발

**4 understand** [ʌ̀ndərstǽnd, 언더스**탠**드] 동 이해하다

> 기억법 **스탠드 아래서**[under] 책을 보면 **이해가 된다.**
>
> 파 **understnading** [ʌ̀ndərstǽndiŋ, 언더스**탠**딩] 명 이해

**5 fall** [fɔːl, 포올] 동 떨어지다 명 가을

> 기억법 상대가 공중에서 **떨어지니** 그는 **폴**[포올]승으로 이겼다.
>
> 파 **fallen** [fɔːlən, **포**올런] 형 떨어진

1. **town**    It is ten miles from here to the **town**.
2. **visit**    I will **visit** him next Sunday.
3. **throw**    He **threw** a stone at the dog.
4. **understand**    I couldn't **understand** the sentence.
5. **fall**    Leaves **fall** in the fall.

**Notes**

1.here: 여기에  2.next: 다음의  3.threw: throw의 과거, stone: 돌
4.sentence: 문장 5.leaves: leaf(잎)의 복수, fall: 가을(미)

**해석**

1. 여기서 그 **도시**까지는 10마일이다.

2. 나는 다음 일요일에 그를 **방문할** 것이다.

3. 그는 개에게 돌을 **던졌다**.

4. 나는 그 문장을 **이해할 수** 없었다.

5. 나뭇잎이 가을에는 **떨어진다**.

## 영단어 기억법 연습

—볼드체의 우리말을 영단어와 연상시킨다.

1. 한국인이 사는 (소)**도시** 지역을 무엇이라 하는가?

2. 그녀가 그를 어떻게 **방문하였는**가?

3. 공을 어떠할 때에 살짝 **던져야** 하는가?

4. 어디 아래서 책을 보면 **이해가 되는**가?

5. 상대가 공중에서 **떨어지면** 그는 어떻게 이기는가?

**1 form** [fɔːrm, 포옴] 명 형태, 자세

> 기억법 그녀가 **폼**[포옴]을 잡고 **자세**를 거울에 비춰본다.
>
> 파 **formation** [fɔːrméiʃən, 포오**메**이션] 명 형성, 구성
> **formative** [fɔ́ːrmətiv, **포**오머티브] 형 형태를 이루는

**2 air** [ɛər, 에어] 명 공기

> 기억법 **에어**컨은 **공기**를 차게 하는 기계이다.
>
> 파 **airline** [ɛə́rlàin, **에어**라인] 명 (정기)항공로, 항공
> **airport** [ɛə́rpɔ̀ːrt, **에어**포오트] 명 공항

**3 half** [hæf, 해프] 명 반, 절반

> 기억법 돈을 **헤프**[해프]게 쓰면 **반**으로 줄어들게 된다.
>
> 파 **halfway** [hǽfwéi, **해프**웨이] 형 중도의, 불완전한

**4 job** [dʒáb, 잡] 명 직업, 직장

> 기억법 그는 **직업**을 **잡**으러 많이 돌아다녔다.
>
> 파 **jobless** [dʒáblis, **잡**리스] 형 무직의, 실직한

**5 problem** [prábləm, 프**라**블럼] 명 문제

> 기억법 너는 그 어려운 **문제**를 풀어보**럼**[플라블럼]!
>
> 파 **problematic** [pràbləmǽtik, 플라블러**매**틱] 형 문제가 있는

1. `form` Democracy is a **form** of government.
2. `air` The **air** is thin at the top of the mountain.
3. `half` **Half** of this melon is rotten.
4. `job` He is seeking a part-time **job**.
5. `problem` That is the **problem** of life.

---

**Notes**

1.democracy: 민주주의, government: 정치   2.thin: 희박한,
mountain:산   3.rotten: 썩은   4.seek: 구하다   5.life: 인생

---

 해석

1. 민주주의는 정치의 한 **형태**이다.

2. **공기**가 산꼭대기에서는 희박하다.

3. 이 메론의 **반**이 썩었다.

4. 그는 부**업**을 찾고 있다.

5. 그것은 인생**문제**이다.

---

영단어 기억법 연습  —볼드체의 우리말을 영단어와 연상시킨다.

1. 그녀가 어떻게 하여 **자세**를 거울에 비춰보는가?

2. **공기**를 차게 하는 기계는 무엇인가?

3. 돈을 어떻게 쓰면 **반**으로 줄어들게 되는가?

4. 그가 **직업**을 어떻게 하려고 돌아다녔는가?

5. 네가 어려운 **문제**는 어떻게 하여야 하는가?

# 중요단어 자동기억법(20)

**1 give** [giv, 기브] 동 주다

기억법 **기부**[기브]를 많이 하는 사람에게는 하느님이 복을 **준다.**

파 **giver** [gívər, **기**버] 명 증여자, 기증인

**2 here** [hiər, 히어] 부 여기에

기억법 **여기에서** 골치아픈 문제로 머리가 **히어**졌다.

파 **hereafter** [híəræftər, **히**어래프터] 부 이후, 금후

**3 there** [ðɛər, 데어] 부 거기에(서)

기억법 그녀가 **거기에서** 불에 **데어** 아주 혼이 났다.

파 **therefore** [ðɛərfɔ̀:r, **데**어포어] 부 따라서, 그러므로

**4 sorry** [sɔ́:ri, 쏘-리] 형 미안해서 ; 슬픈

기억법 제가 너무 큰 **소리**[쏘-리]를 질러서 **미안합**니다.

파 **sorrily** [sɔ́:rili, **쏘**-리리] 부 슬퍼하여, 불쌍히 여겨
**sorriness** [sɔ́:rinis, **쏘**-리니스] 명 슬픔, 불쌍함

**5 miss** [mis, 미스] 동 놓치다.

기억법 늦게 일어난 **미스**김은 첫 차를 **놓쳤다.**

파 **missing** [mísiŋ, **미**싱] 형 없어진, 분실된

1. give  He **gave** me a book.
2. here  It is hot in summer **here** in Seoul.
3. there  The book is on the desk **there**.
4. sorry  I am **sorry** to trouble you.
5. miss  He **missed** the target.

**Notes**

1.gave: give(주다)의 과거
2.summer: 여름
3.on the desk: 책상위에
4.trouble: 폐를 끼치다
5.target: 과녁

**해석**

1. 그는 나에게 책 한 권을 **주었다**.
2. **여기** 서울은 여름이 덥다.
3. 그 책은 **거기** 책상 위에 있다.
4. 폐를 끼쳐 드려 **죄송합니다**.
5. 그는 과녁을 **빗맞혔다**.

**영단어 기억법 연습**  —볼드체의 우리말을 영단어와 연상시킨다.

1. 하느님이 복을 **주는** 사람은 무엇을 많이 하는 사람인가?
2. 골치 아픈 문제로 머리가 **여기에서** 어떻게 되었는가?
3. 그녀는 **거기에서** 어떻게 되어 혼이 났는가?
4. 내가 상대방에게 **미안한** 이유는 무엇인가?
5. 첫차를 **놓쳐버린** 사람은 누구입니까?

# 🏃 중요단어 자동기억법(21)

**1** **far** [fɑːr, 파아] 🔢 멀리(↔ near)

> 기억법 그는 집밖 **멀리** 묻어둔 고구마를 **파**[파아] 왔다.
>
> 파 **faraway** [fáːrəwèi, **파**-러웨이] 형 먼

**2** **glass** [glæs, 글래스] 명 유리, 유리잔

> 기억법 **그래서**[글래스] 우리가 **유리잔**으로 포도주 한 잔 마셨다.
>
> 파 **glassy** [glǽsi, 글**래**시] 형 유리모양의, 유리질의

**3** **meet** [miːt, 미-트] 동 만나다

> 기억법 공원의 버드나무 **밑**[미-트]에서 내일 **만나자**.
>
> 파 **meeting** [míːtiŋ, **미**팅] 명 모임, 회합

**4** **park** [pɑːrk, 파아크] 명 공원

> 기억법 **공원**에서는 **파킹**[파크] 해서는 안 된다.
>
> 파 **parking** [páːrkiŋ, **파**킹] 명 주차(장)

**5** **hill** [hil, 힐] 명 언덕, 작은산

> 기억법 그녀는 하이**힐**을 신고 **언덕**을 올랐다.
>
> 주 '하이힐' 은 줄여진 단어로서 「high heeled shoes」가 된다.
>
> 파 **hilltop** [híltàp, 힐탑] 명 언덕[야산]의 꼭대기

 **단어응용문형**

1. **far** The house is not **far** from here.
2. **glass** The bottle is made of **glass**.
3. **meet** I am glad to **meet** you.
4. **park** The children is playing in the **park**.
5. **hill** We often go to the **hill**.

**Notes**

1.house: 집   2.bottle: 병   3.glad: 기쁜   4.children: 어린이들 (단수는 child), play: 놀다   5.often: 자주, go: 가다

**해석**

1. 그 집은 여기서 **멀지** 않다.
2. 그 **병**은 유리로 만들어져 있다.
3. 너를 **만나니** 기쁘다.
4. 어린이들은 **공원**에서 놀고 있다.
5. 우리는 자주 그 **언덕**에 간다.

**영단어 기억법 연습** —볼드체의 우리말을 영단어와 연상시킨다.

1. 그가 **멀리** 묻어둔 고구마를 어떻게 하였는가?
2. 어째서 우리는 **유리잔**으로 포도주 한 잔을 마셨는가?
3. 우리는 공원의 어디에서 **만날** 것인가?
4. **공원**에서는 ( )해서는 안 된다.
5. 그녀는 무슨 신을 신고 **언덕**을 올랐는가?

**1 fruit** [fruːt, 프루-트] 명 과일

> 기억법 그녀는 **플루트**[프루-트]를 불면서 **과일**을 고르고 있다.
>
> 파 **fruitful** [frúːtfəl, 프루-트펄] 형 열매가 열리는, 다산의

**2 hour** [áuər, 아우어] 명 (한)시간

> 기억법 출퇴근시의 붐비는 **시간**을 러시**아워**[아우어]라 한다.
>
> 주 **러시아워**(rush hour) : 혼잡을 이루는 시간
>
> 파 **hourly** [áuərli, 아우어리] 형 시간마다의

**3 tell** [tel, 텔] 동 말하다

> 기억법 아버지는 윌리엄**텔**의 이야기를 아들에게 **말하였다.**
>
> 파 **teller** [télər, 텔러] 명 이야기하는 사람

**4 island** [áilənd, 아일런드] 명 섬〈발음주의〉

> 기억법 **아일런드** 공화국은 영국서쪽에 있는 **섬**나라이다.
>
> 주 **아일런드**(Ireland) : 영국 서쪽에 있는 섬나라, 수도는 더브린
>
> 파 **islander** [áiləndər, 아일런더] 명 섬사람, 도민

**5 wear** [wɛər, 웨어] 동 입고 있다

> 기억법 옷을 단정이 **입고서** 에티켓 규칙을 **외어**[웨어]라.
>
> 파 **wearer** [wɛ́ərər, 웨어러] 명 착용자, 휴대자

 단어응용문형

1. `fruit` There is a lot of **fruit** in the basket.
2. `hour` There are 24 **hours** in a day.
3. `tell` They **told** us about the matter.
4. `island` Ireland is an **island** country.
5. `wear` She always **wears** white.

> **Notes**
>
> 1.basket: 바구니   2.day: 하루   3.told: tell(말하다)의 과거, matter: 사건, 일   4.country: 나라   5.always: 항상

**해석**

1. 바구니에는 많은 **과일**이 있다.
2. 하루는 24**시간**이다.
3. 그들은 그 사건에 대해 우리들에게 **말하였다**.
4. 아일런드는 **섬**나라이다.
5. 그녀는 항상 하얀 옷은 **입는다**.

**영단어 기억법 연습** —볼드체의 우리말을 영단어와 연상시킨다.

1. 그녀는 무엇을 하면서 **과일**을 고르고 있는가?
2. 출퇴근시의 붐비는 **시간**을 무엇이라고 하는가?
3. 아버지는 아들에게 무슨 이야기를 **말하여 주었는가**?
4. 영국 서쪽에 있는 **섬**나라는 어디인가?
5. 단정히 옷을 **입고서** 에티켓 규칙을 ( )!

# 🏃 중요단어 자동기억법(23)

**1 tired**[táiərd,**타**이어드] 형 피곤한

기억법 그는 여행으로 **피곤하여 타이어**[타이어드] 점검도 못하였다.

파 **tiredness**[táiərdnis,**타**이어드니스] 명 피로, 권태

源 < **tire**[taiər,타이어] 동 피로하게 하다

**2 get**[get,겟] 동 얻다

기억법 **겟**국을 끓이려고 이웃집에서 게를 **얻었다.**

파 **getaway**[gétəwei,**겟**터웨이] 명 도망, 도주

**3 put**[put,풋] 동 놓다. 두다

기억법 **풋**과일을 먹으려고 식탁위에 **놓았다.**

파 **put-off**[putɔf,**풋**오프] 명 발뺌;연기

**4 buy**[bai,바이] 동 사다

기억법 외국 **바이**어들이 박람회에서 많은 물건을 **산다.**

파 **buyer**[báiər,**바**이어] 명 사는 사람, 바이어(↔ seller)

**5 build**[bild,빌드] 동 짓다, 세우다

기억법 그는 고사를 지내고 **빌드**니 집을 잘 **지었다.**

파 **builder**[bíldər,**빌**더] 명 건축(업)자

1. **tired**    I'm very **tired** with work.
2. **get**    She **got** the first prize in the beauty contest.
3. **put**    She **put** the book on the shelf.
4. **buy**    I **buy** a hat at the store.
5. **build**    He **built** a new house.

**Notes**

1.work: 일    2.first: 첫번째, prize: 상, beauty contest: 미인대회
3.shelf: 선반    4.store: 가게    5.built: build(짓다)의 과거

해석

1. 나는 일을 해서 매우 **피곤하다.**
2. 그녀는 미인대회에서 일등상을 **탔다.**
3. 그녀는 그 책을 선반에 **놓았다.**
4. 나는 그 가게에서 모자를 **산다.**
5. 그는 새 집을 **지었다.**

 영단어 기억법 연습

—볼드체의 우리말을 영단어와 연상시킨다.

1. 그가 **피곤하여** 무엇을 점검하지 못하였는가?

2. 무엇을 하려고 이웃집에서 게를 **얻었는가?**

3. 먹기 위해 식탁에다 무엇을 **놓았는가?**

4. 박람회에서 많은 물건을 **산** 사람은 누구들인가?

5. 그가 어떻게 하여 집을 잘 **지었는가?**

# 중요단어 자동기억법(24)

1 **joke**[dʒóuk, 조우크] 명 농담

> 기억법 그가 **농담**을 잘해서 정말로 **좋고**[조우크] 말고!
>
> 파 **joker**[dʒóukər, **조**우커] 명 농담자, 익살꾼
> **jokingly**[dʒóukiŋli, **조**우킹리] 부 농담으로

2 **join**[dʒɔin, 조인] 동 결합하다, 가입하다

> 기억법 그들은 그에게 모임에 **가입하도록** 심리적으로 **조인**다.
>
> 파 **joiner**[dʒɔinər, **조인**너] 명 결합자, 가입자

3 **knock**[nak, 낙] 동 치다, 두드리다

> 기억법 그는 북을 **낙**으로 **두드린다**.
>
> 파 **knockdown**[nákdàun, **낙**다운] 명 때려 눕힘, 일격

4 **side**[said, 싸이드] 명 편, 측

> 기억법 우리 **편**은 술이 아닌 **사이다**[싸이드]를 마셨다.
>
> 파 **side effect**[ifékt, 이펙트] 명 부작용

5 **sick**[sik, 씩] 형 병든, 앓은

> 기억법 그가 **씩씩**하다고 했는데 사실은 **병들어** 있었다.
>
> 파 **sicken**[sikən, 씩큰] 동 몸이 편찮다, 병이들다

1. `joke` They didn't see the **joke**.
2. `join` He wants to **join** our team.
3. `knock` I **knocked** him with a bat.
4. `side` He was always on the **side** of the weak.
5. `sick` She is **sick** in bed.

> **Notes**
>
> 1.see: 알다　2.want: 원하다　3.bat: 배트
> 4.always: 항상, the weak: 약자들　5.in bed: 잠자리에

**해석**

1. 그들은 그 **농담**을 알지 못했다.
2. 그는 우리팀에 **가입하기를** 바란다.
3. 나는 그를 배트로 **때렸다.**
4. 그는 항상 약자들의 **편**을 들었다.
5. 그는 **아파서** 자리에 누워 있다.

**영단어 기억법 연습** ——볼드체의 우리말을 영단어와 연상시킨다.

1. 그가 **농담**을 잘해서 어떠한 상태에 있는가?
2. 그들은 그에게 모임에 **가입하도록** 심리적으로 어떻게 하는가?
3. 그가 북을 어떠한 마음으로 **두드리는가**?
4. 우리 **편**은 술이 아닌 무엇으로 마셨는가?
5. 그가 사실은 **병들어** 있었는데 무엇이라고 하였는가?

**1 mountain**[máuntin, 마운틴] 명 산

> 기억법 **마**(씨는) **운틴** 사람이라 그 **산**을 쉽게 등반하였다.
> 파 **mountainous**[máuntinəs, 마운틴너스] 형 산지의 산이 많은

**2 shop**[ʃap, 샵] 명 상점, 가게

> 기억법 일할 **샵**[샵]을 그는 집앞의 **상점**에서 샀다.
> 파 **shopping**[ʃapiŋ, 샵핑] 명 장보기, 쇼핑

**3 bring**[briŋ, 브링] 동 가져오다

> 기억법 **브링 브링!** 오토바이 소리가 나더니 벌써 그 책을 **가져온다.**
> 파 **bringing-up**[bríŋiŋʌ́p, 브링잉업] 명 (자녀의) 양육

**4 arrive**[əráiv, 어라이브] 동 도착하다

> 기억법 **어! 라이브** 카페에 간다더니 그가 벌써 **도착했다.**
> 파 **arrival**[əráivəl, 어라이벌] 명 도착(↔ departure)

**5 choose**[tʃuːz, 추-즈] 동 선택하다

> 기억법 그가 **추주**[추-즈] 할 사람은 나름대로 사람을 **선택** 하여 예를 표시한다.
> 주 **추주**(趨走) : 어른 앞을 지날 때 허리를 굽히고 빨리 걷는 것
> 파 **chooser**[tʃúːzər, 추-저] 명 선택자

1. **mountain**   He climbed the **mountain**.
2. **shop**   She keeps a beauty **shop**.
3. **bring**   **Bring** me the book.
4. **arrive**   She **arrived** home at seven.
5. **choose**   I **chose** a book from the library.

**Notes**

1.climb: 등산하다   2.keep: 운영하다, beauty shop: 미용실, 미장원
4.home: 집   5.chose: choose(선택하다)의 과거, library: 도서관

## 해석

1. 그는 그 **산**을 등산하였다.
2. 그녀는 미장**원**을 운영한다.
3. 그 책을 나에게 **가져다 주라**.
4. 그녀는 7시에 집에 **도착하였다**.
5. 나는 책 한권을 도서관에서 **골랐다**.

## 영단어 기억법 연습

—볼드체의 우리말을 영단어와 연상시킨다.

1. 어째서 마씨는 그 **산**을 쉽게 등반하였는가?

2. 그는 집 앞 **상점**에서 무엇을 샀는가?

3. 오토바이로 무슨 소리를 내고서 그 책을 **가져왔는가**?

4. 어디에 간다고 했는데 그가 그렇게 빨리 **도착하였는가**?

5. 그는 나름대로 사람을 **선택하여** 어떠한 예를 하는가?

**1 Japan** [dʒəpǽn, 저**팬**] 몡 일본

> 기억법 네가 **저 펜**[팬]으로 **일본**의 지도를 그려보라.
> 파 **Japanese** [dʒæpəníːz, 재편**니즈**] 혱 일본의 ; 일본인

**2 Germany** [dʒə́ːrməni, **저**어머니] 몡 독일

> 기억법 **저**(의) **어머니**[저어머니]는 **독일**로 여행가셨다.
> 파 **German** [dʒə́ːrmən, **저**어먼] 혱 독일의 ; 독일인

**3 China** [tʃáinə, **차**이너] 몡 중국

> 기억법 **차이나**[차이너] 타운은 도시에서 **중국**인들이 사는
> 동네이다.
> 파 **Chinese** [tʃainíːz, 차이**니**이즈] 혱 중국의 ; 중국인

**4 Russia** [rʌ́ʃə, **러**서] 몡 러시아

> 기억법 **러시**[러서] 아워는 **러시아**에도 마찬가지로 붐빈다.
> 파 **Russian** [rʌ́ʃən, 러션] 몡 러시아의 ; 러시아인

**5 Korea** [kəríːə, **커**리어] 몡 한국

> 기억법 그 **한국** 사람은 **커리어**가 매우 다채롭다
> 주 **커리어**(career) : 경력
> 파 **Korean** [kəríːən, 커**리**언] 몡 한국인 ; 한국의

1. Japan  **Japan** lies to the east of Korea.
2. German  I lived in **Germany** for two years.
3. China  **China** lies to the west of Korea.
4. Russia  **Russia** is the largest country in the world.
5. Korea  **Korea** is a very beautiful country.

**Notes**

1.lie: 놓여 있다, east: 동쪽  2.live: 살다, year: 해, 년  3.west: 서쪽
4.largest: large(큰)의 최상급, country: 나라, world: 세계
5.beautiful: 아름다운

**해석**

1. **일본**은 한국의 동쪽에 있다.

2. 나는 **독일**에서 2년동안 살았다.

3. **중국**은 한국의 서쪽에 있다.

4. **러시아**는 세계에서 가장 큰 나라이다.

5. **한국**은 매우 아름다운 나라이다.

## 영단어 기억법 연습

—볼드체의 우리말을 영단어와 연상시킨다.

1. 너는 **일본**의 지도를 무엇으로 그리는가?

2. **독일**로 여행간 사람은 누구인가?

3. **중국인**이 한 도시에서 모여 사는 곳을 무엇이라 하는가?

4. **러시아**에서 역시 붐비는 시간대는 어느 때이냐?

5. 그 **한국** 사람은 무엇이 다채로운가?

 # 중요단어 자동기억법(27)

**1 cut** [kʌt, 컷] 통 베다, 절단하다

> 기억법 그녀는 멋진 **컷**을 그려 종이에서 **베어냈다.**
> 파 **cutter** [kʌ́tər, 컷터] 명 재단사; 절단기

**2 kill** [kil, 킬] 통 죽이다

> 기억법 그는 **킬킬** 거리는 그의 보스를 **죽이겠다고** 한다.
> 파 **killer** [kilər, 킬러] 명 살인자

**3 other** [ʌ́ðər, 어더] 형 다른(것)

> 기억법 **얻어** [어더] 온 음식을 그녀는 **다른** 사람에게 나누어
> 주었다.
> 파 **otherwise** [ʌ́ðərwàiz, 어더와이즈] 부 딴 방법으로

**4 merry** [méri, 메리] 명 즐거운, 유쾌한

> 기억법 **메리**는 소풍가서 **즐거운** 하루를 보냈다.
> 파 **merry-go-round** [mérigouràund, 메리고우라운드]
> 명 회전목마

**5 pick** [pik, 픽] 통 따다, 뜯다

> 기억법 그는 사과를 **따다**가 **픽** 쓰러졌다.
> 파 **pickpocket** [píkpakit, 픽파킷] 명 소매치기
> 숙어 **pick up**: 줍다, 집어들다

1. `cut`   I **cut** a branch from the tree.
2. `kill`   The smog **killed** the trees.
3. `other`   Two **other** boys will come later.
4. `merry`   I wish you a **merry** Christmas.
5. `pick`   Don't **pick** the fruit yet.

**Notes**

1.branch: 가지  2.smog: 연무(smoke+fog의 합성어)   3.later: 나중에
4.wish: 바라다  5.fruit: 과일, yet: 아직

**해석**

1. 나는 나무에서 가지를 **잘랐다**.

2. 연무가 그 나무들을 **죽였다**.

3. 두명의 **다른** 소년들이 나중에 올 것이다.

4. **즐거운** 크리스마스를 축하합니다.

5. 아직 과일을 **따지** 말라.

 **영단어 기억법 연습** —볼드체의 우리말을 영단어와 연상시킨다.

1. 그녀가 종이에서 **베어낸** 것은 무엇인가?

2. 그가 어떠한 보스를 **죽인다고** 하는가?

3. 그녀가 **다른** 사람에 나누어준 음식은 어디서 났는가?

4. 소풍가서 **즐거운** 하루를 보낸 사람은 누구인가?

5. 그가 사과를 **따다가** 어떻게 되었는가?

**1** **fill** [fil,필] 图 가득 채우다

> 기억법 너는 **필**히 그 통에 물을 **가득 채워야** 한다.
> 파 **filler** [fílər,필러] 명 채우는 사람[것]

**2** **say** [sei,세이] 图 말하다

> 기억법 **세희** [세이]는 내일 여기에 온다고 **말한다.**
> 파 **saying** [séiiŋ,세이잉] 명 말하기 ; 속담

**3** **blow** [blou,블로우] 图 (바람이) 불다

> 기억법 당신이 생일 케이크 촛불을 **불어서** 끄니 정말로 **부러우** [블로우]!
> 파 **blowy** [blóui,블로우이] 형 바람이 부는

**4** **more** [mɔːr,모오] 형 더 많은(many, much의 비교급)

> 기억법 문제들이 애매 **모호** [모오]해서 **더 많이** 풀 수가 없다.
> 파 **moreover** [mɔːróuvər,모오로우버] 부 그 위에, 게다가

**5** **hope** [houp,호우프] 图 바라다, 희망하다

> 기억법 **호프** [호우프]맥주 집에서 그녀가 오기를 **바랐다.**
> 파 **hopeful** [hóupfəl,호우프펄] 형 희망적인, 유망한

## 단어응용문형

1. **fill** She **filled** the bottle with hot water.
2. **say** Who **said** that?
3. **blow** The wind is **blowing** from the east.
4. **more** You need **more** friends.
5. **hope** I **hope** to see you soon.

> **Notes**
>
> 1.bottle: 병   2.said: say의 과거   3.wind: 바람 east: 동쪽
> 4.need: 필요하다, friend: 친구   5.see: 만나다, soon: 곧

## 해석

1. 그녀는 더운 물로써 병을 **가득 채웠다**.
2. 누가 그것을 **말하였느냐?**
3. 바람이 동쪽에서 **불고 있다**.
4. 너는 친구가 **더 많이** 필요하다.
5. 나는 당신을 곧 만나기를 **바랍니다**.

## 영단어 기억법 연습

—볼드체의 우리말을 영단어와 연상시킨다.

1. 네가 그 통에 어떻게 물을 **가득 채우지** 않아도 되는가?
2. **세희**는 내일 무엇을 한다고 하였는가?
3. 생일케이크 촛불을 **불어서** 끄니 어떠한 마음이 생기는가?
4. **더 많이** 풀 수 없는 것은 문제가 어째서 인가?
5. 그녀가 오기를 어디에서 **바랐는가?**

**1 sand** [sænd, 샌드] 몡 모래

> 기억법 **샌드** 백에 구멍이 나서 **모래**가 샌다.
>
> 파 **sandpaper** [sǽndpèipər, 샌드페이퍼] 몡 사포

**2 anything** [éniθiŋ, 에니싱] 때 무언가, 무엇인가

> 기억법 **에니**가 **싱**겁게 웃는 것은 **무엇인가** 이상하다.
>
> 파 **anythinggoes** [éniθiŋgòuz, 에니싱고우즈] 혱 하는 대로 놔두는

**3 something** [sʌ́mθiŋ, 썸싱] 때 무엇인가, 어떤 것

> 기억법 양주 **썸싱** 스페셜에는 **무엇인가** 독특한 맛이 들어있다.
>
> 파 **somethingth** [sʌ́mθiŋθ, 썸싱스] 혱 몇 번째인가의

**4 nothing** [nʌ́θiŋ, 너싱] 때 아무것도~아님[하지 않음]

> 기억법 **너**(는) **싱**글벙글 하지만 **아무것도** 하는 것은 **없다**.
>
> 파 **nothingness** [nʌ́θiŋnis, 너싱니스] 몡 존재하지 않음, 무

**5 none** [nʌn, 넌] 때 아무(것)도 …않다[없다]

> 기억법 **넌** 가진 것이라고는 **아무것도 없다**.
>
> 파 **nonetheless** [nʌ̀nðəlés, 넌더레스] 뷔 그럼에도 불구하고

1. `sand` They played on the **sands**.
2. `anything` **Anything** is better than nothing.
3. `something` Give me **something** to read.
4. `nothing` I have done **nothing** all day.
5. `none` There was **none** present.

**Notes**

1.sands(복수): 모래사장　2.nothing: 아무것도 …없다　3.read: 읽다
4.do: 하다, all day: 하루 종일　5.present: 출석한

**해석**

1. 그들은 **모래** 사장에서 놀았다.
2. 없는 것보다는 **무엇이든** 있는 것이 낫다.
3. **무엇인가** 읽을 것을 주라.
4. 나는 하루 종일 **아무것**도 하지 **않았다**.
5. 출석한 사람은 **아무**도 **없다**.

## 영단어 기억법 연습

—볼드체의 우리말을 영단어와 연상시킨다.

1. 구멍이 나서 **모래**가 샌 것은 무엇인가?
2. **무엇인가** 이상한 것은 누가 어떻게 한 때문인가?
3. **무엇인가** 독특한 맛이 들어있는 양주는 무엇인가?
4. **아무것도** 하는 것 **없이** 너는 무엇을 하고 있나?
5. **아무것도** 가진 것이 **없는 자**가 누구인가?

# 중요단어 자동기억법(30)

**1 steam** [sti:m, 스티임] 명 증기

> 기억법 **스팀**[스티임] 엔진은 **증기**로 움직이는 증기기관이다.
> 파 **steamer** [stí:mər, 스티이머] 명 기선

**2 shake** [ʃeik, 쉐이크] 동 흔들다

> 기억법 밀크 **쉐이크**는 우유, 달걀, 설탕 등을 **흔들어** 만드는 음료수이다.
> 파 **shaker** [ʃéikər, 쉐이커] 명 흔드는 사람, 교반기

**3 busy** [bízi, 비지] 형 바쁜

> 기억법 그는 **비지**로 사료를 만드느라 너무나 **바쁘다**.
> 파 **busyness** [bízinis, 비지니스] 명 다망, 분주함

**4 mind** [maind, 마인드] 명 마음, 정신

> 기억법 **마인두**[마인드]씨는 자가용을 사려는 **마음**을 가지고 있다.
> 파 **mindless** [máindlis, 마인드리스] 형 무심한, 생각없는
> **mindful** [máindfəl, 마인(드)펄] 형 염두에 두는

**5 early** [ə́ːrli, 어얼리] 형 이른, 부 일찍

> 기억법 **이른** 봄에는 스케이트장이 **얼리**[어얼리]가 없다.
> 파 **early warning** [wɔ́ːrniŋ, 워어닝] 명 조기경보

1.  `steam`  This building is heated by **steam**.
2.  `shake`  He **shook** the boy by the shoulder.
3.  `busy`  He is **busy** with his work.
4.  `mind`  He is in peace of **mind**.
5.  `early`  We had an **early** lunch.

**Notes**

1.heat: 난방하다    2.shook: shake의 과거, shoulder: 어깨
3.work: 일    4.peace: 평온    5.lunch: 점심

**해석**

1. 이 빌딩은 **증기**로 난방된다.

2. 그는 그 소년의 어깨를 **흔들었다**.

3. 그는 자기 일로 **바쁘다**.

4. 그는 **마음**이 평온하다.

5. 우리는 **이른** 점심을 먹었다.

**영단어 기억법 연습**    ─볼드체의 우리말을 영단어와 연상시킨다.

1. **증기**로 움직이는 증기기관을 무엇이라고 하는가?

2. 우유, 달걀, 설탕 등을 **흔들어** 만드는 음료수는 무엇인가?

3. 그는 무엇으로 사료를 만드느라 **바쁜가**?

4. 자가용을 사려고 **마음**을 가지고 있는 사람은 누구인가?

5. **이른** 봄에는 스케이트장이 ( )가 없다.

**1 carry** [kǽri, 캐리] 통 소지하다, 가지고 다니다

> 기억법 그녀는 봄이 되면 **가지고 다닐** 진주를 바다에서 **캐리라**!
>
> 파 **carrier** [kǽriər, 캐리어] 명 운반인

**2 age** [eidʒ, 에이지] 명 나이

> 기억법 **나이**가 어린 사람은 어른이 아니고 **애이지** [에이지]!
>
> 파 **aged** [éidʒid, 에이지드] 형 늙은, 나이든

**3 thin** [θin, 신] 형 마른, 얇은

> 기억법 사람은 **신경**을 쓰면, **마르게** 마련이다.
>
> 주 「**날씬한**」에는 slender [sléndər, 스렌더] 를 쓴다.

**4 think** [θiŋk, 싱크] 통 생각하다

> 기억법 부엌의 **싱크**를 사는데는 매우 튼튼한 것을 사려고 **생각한다.**
>
> 주 (부엌의) **싱크** : sink (설겆이 대)
>
> 파 **thinking** [θiŋkiŋ, 싱킹] 명 사고, 사색

**5 oil** [ɔil, 오일] 명 기름, 석유

> 기억법 그는 **오일** (5일)마다 자동차에 **기름**을 넣는다.
>
> 파 **oily** [ɔ́ili, 오일리] 형 기름의

1. `carry`  He is **carrying** a camera with him.
2. `age`  He is ten years of **age**.
3. `thin`  She became **thinner** and **thinner** every day.
4. `think`  Who do you **think** you are?
5. `oil`  I used a suntan **oil**.

**Notes**

2.year: 해, 년   3.became: become(되다)의 과거, thinner: thin의 비교급 4.who: 누구   5.use: 사용하다, suntan: 썬탠(햇볕에 태움)

**해석**

1. 그는 카메라를 가지고 **다닌다**.
2. 그는 열 **살**이다.
3. 그녀는 나날이 점점 **야위어**졌다.
4. 당신은 도대체 누구입니까?
5. 나는 썬탠용 **기름**을 사용하였다.

 **영단어 기억법 연습** ─볼드체의 우리말을 영단어와 연상시킨다.

1. 그녀는 봄이 되면 **가지고 다닐** 진주를 어디서 어떻게 구하는가?
2. **나이**가 어린 사람을 무엇이라고 하는가?
3. **마른** 사람은 대개 어떠한 사람인가?
4. 튼튼한 것을 사려고 **생각하고 있는** 것은 부엌의 어떤 것인가?
5. 그는 자동차에 **기름**을 며칠만에 넣는가?

# 중요단어 자동기억법(32)

**1  rich** [ritʃ, 리치] 형 부자의, 부유한

> 기억법 **부유한** 사람들은 매사를 **이치**[리치]에 맞게 생각한다.
>
> 파 **riches** [rítʃiz, 리치즈] 명 부, 재산

**2  goal** [goul, 고울] 명 득점, 결승점

> 기억법 연습을 많이 한 **고을**[고울]의 선수는 **득점**을 많이한다.
>
> 파 **goal post** : 골대

**3  pass** [pæs, 패스] 동 건네주다 ; 지나다

> 기억법 네가 입학시험에 **패스**했으니 나에게 책을 **건네주라**.
>
> 파 **passage** [pǽsidʒ, 패시지] 명 통행, 통과

**4  question** [kwéstʃən, 퀘스천] 명 문제

> 기억법 **케스**[퀘스]를 **천**으로 포장하는 것이 **문제**이다.
>
> 파 **questionaire** [kwéstʃənεər, 퀘스천네어] 명 질문사항

**5  mail** [meil, 메일] 명 우편(물)

> 기억법 그에게는 **매일**[메일] **우편**물이 온다.
>
> 파 **mailbox** [méilbàks, 메일박스] 명 우체통
> **mailman** [méilmæn, 메일맨] 명 우체부, 우편집배원

1. **rich** He was born **rich**.
2. **goal** We made a **goal**.
3. **pass** Please **pass** me the salt.
4. **question** That is the **question** of the day.
5. **mail** We sent him a letter by air **mail**.

**Notes**

1.born: 태어난  2.made: make(만들다)의 과거  3.salt: 소금  4.day: 오늘(날)  5.sent: send(보내다)의 과거, air mail: 항공우편

**해석**

1. 그는 **부자**로 태어났다.
2. 우리는 **득점**하였다.
3. 소금을 좀 **건네 주시오**.
4. 그것은 오늘의 **문제**이다.
5. 우리는 그에게 항공**우편**으로 편지를 보냈다.

**영단어 기억법 연습** ─볼드체의 우리말을 영단어와 연상시킨다.

1. **부유한** 사람들은 매사를 어떻게 생각하는가?
2. **득점**을 많이 한 선수들은 어떠한 어디의 선수들인가?
3. 네가 입학 시험에 ( )했으니 책을 나에게 **건네주라**.
4. **문제는** 무엇을 무엇으로 포장하는 것인가?
5. 그에게 **우편물**이 얼마나 자주 오는가?

## 1 **poor** [puər, 푸어] 형 가난한

기억법 그가 쌀을 광에서 **퍼**[푸어]낼 것이 없으니 **가난한**
것은 틀림없다.

파 **poorly** [púərli, 푸어리] 부 가난하게

## 2 **soon** [suːn, 수운] 부 곧, 이윽고

기억법 **수운** 최제우는 도를 깨닫고 **곧** 동학을 창시하였다.

파 **sooner** [súːnər, 수운너] 명 선구 이주민

## 3 **suddenly** [sʌ́dnli, 서든리] 부 갑자기

기억법 그녀가 **서둘리**[서든리]도 없는데도 **갑자기** 새벽에 떠났다.

源 < **sudden** : 갑작스런

## 4 **often** [ɔːfən, 오픈] 부 자주, 종종 〈발음주의〉

기억법 그는 아들 가게가 **오픈**된 후 **자주** 이곳에 온다.

주 **오픈**(open) : 열다

## 5 **sometimes** [sʌ́mtaimz, 섬타임즈] 부 때때로, 때로는

기억법 그 **섬**에 **타임스**[타임즈]지가 **때때로** 배달된다.

주 **sometime** : 언젠가

1. **poor** — He is a **poor** artist.
2. **soon** — He will **soon** be back.
3. **suddenly** — The train stopped **suddenly**.
4. **often** — He **often** comes here.
5. **sometimes** — I go to the movies **sometimes**.

**Notes**

1.artist: 예술가   2.be back: 돌아오다   3.train: 기차, stop: 정지하다
4.here: 여기에   5.movie: 영화

 해석

1. 그는 **가난한** 예술가이다.
2. 그는 **곧** 돌아 올 것이다.
3. 기차는 **갑자기** 정지하였다.
4. 그는 **자주** 여기에 온다.
5. 나는 **때때로** 영화보러 간다.

## 영단어 기억법 연습

—볼드체의 우리말을 영단어와 연상시킨다.

1. 그가 **가난한** 것은 무엇으로 알 수 있는가?
2. 도를 깨닫고 **곧** 동학을 창시한 자는 누구인가?
3. 그녀가 **갑자기** 어떻게 새벽에 떠났는가?
4. 그가 **자주** 이곳에 온 이유는 무엇인가?
5. 그 섬에 **때때로** 배달되는 것은 무엇인가?

**1 ill** [il, 일] 형 병든, 아픈

> 기억법 **병든** 사람은 **일**을 하고 싶어도 **일**을 하지 못한다.
> 파 **illness** [ílnis, 일니스] 명 병

**2 born** [bɔ́ːrn, 보온] 형 태어난

> 기억법 그가 **태어난** 고향을 꿈에 **본**[보온] 기억이 있다.
> 파 **born-again** [bɔ́ːrnəgèn, 보온어겐] 형 거듭난

**3 purse** [pəːrs, 퍼-스] 명 지갑

> 기억법 **지갑**에서 돈을 **퍼어쓰**[퍼-스]면 곧 무일푼이 된다.
> 파 **purser** [pə́ːrsər, 퍼-서] 명 사무장

**4 dad** [dæd, 대드] 명 아빠

> 기억법 소년이 된 네가 어떻게 **아빠**에게 감히 **대드**니?
> 파 **dady** [dǽdi, 대디] 명 《소아어》 아빠

**5 mom** [mɑm, 맘] 명 《미구어》 엄마, 어머니

> 기억법 이 **엄마**에게 네 **맘**껏 부탁하여 보렴!
> 파 **mommy** [mɑ́mi, 마미] 《미 소아어》 엄마

1.  `ill`  He is **ill** in bed.
2.  `born`  He was **born** on April 12.
3.  `purse`  He opened his **purse**.
4.  `dad`  This is my **dad**.
5.  `mom`  That is my dear **mom**.

**Notes**

1.in bed: 잠자리에   2.April: 4월   3.open: 열다   4.this: 이 분
5.that: 저 분     dear: 사랑하는

**해석**

1. 그는 **아파서** 자리에 누워 있다.

2. 그는 4월 12일에 **태어났다**.

3. 그는 자기 **지갑**을 열었다.

4. 이 분이 나의 **아빠**이다.

5. 저 분은 내가 사랑하는 **엄마**이다.

**영단어 기억법 연습**  —볼드체의 우리말을 영단어와 연상시킨다.

1. **병든** 사람이 하고 싶어도 하지 못하는 것은 무엇인가?

2. 그가 **태어난** 고향을 꿈속에서 어떠한 기억이 있는가?

3. 무일푼이 되려면 **지갑**에서 무엇을 해야 하는가?

4. **아빠**에게 소년은 감히 어떻게 할 수 없는가?

5. 우리는 **엄마**에게 어느 정도 부탁해 보는가?

# 🏋️ 중요단어 자동기억법(35)

**1 year** [jiər, 이이어] 몡 해, 년

> 기억법 **해**를 **이어**[이이어] 금년에도 풍년이 들었다.
> 파 **yearly** [jíərli, 이이어리] 몡 매년의, 연 1회의

**2 begin** [bigin, 비긴] 동 시작하다

> 기억법 경기를 **비긴** 후 그 경기를 다시 **시작했다**.
> 파 **beginner** [bigínər, 비긴너] 몡 초심자, 초보자

**3 happen** [hæpən, 해픈] 동 일어나다, 생기다.

> 기억법 말이 **헤픈**[해픈] 사람은 곧잘 불신이 **일어난다**.
> 파 **happening** [hǽpəniŋ, 해프닝] 몡 사건, 사고

**4 feel** [fiːl, 피일] 동 느끼다

> 기억법 꽃이 **필**[피일] 봄이 오면 우리는 생동감을 **느낀다**.
> 파 **feeling** [fíːliŋ, 피일링] 몡 감각, 감촉

**5 count** [kaunt, 카운트] 동 세다

> 기억법 그녀는 **카운터**[카운트] 앞에서 돈을 **세었다**.
> 파 **counter** [káuntər, 카운터] 몡 계산대

1. `year` He was born in the **year** 1950.
2. `begin` I **began** English two years ago.
3. `happen` The accident **happened** yesterday.
4. `feel` How are you **feeling** today?
5. `count` **Count** three before jumping.

**Notes**

1.born: 태어난    2.began: begin의 과거, ago: 전에
3.accident: 사고    4.how: 어떠한    5.jumping: 뛰기

**해석**

1. 그는 1950년에 **태어났다.**

2. 나는 2년 전에 영어를 **시작하였다.**

3. 그 사고는 어제 **일어났다.**

4. 오늘 **기분은** 어떻습니까?

5. 뛰기 전에 3까지 수를 **세어라.**

**영단어 기억법 연습**  —볼드체의 우리말을 영단어와 연상시킨다.

1. **해**를 (   )서 금년에도 풍년이 들었다.

2. 그 경기를 다시 **시작한** 이유는 무엇인가?

3. 불신이 **일어나는** 사람은 말이 어떤 사람인가?

4. 우리가 생동감을 **느낄** 때는 어느 때인가?

5. 그녀는 어디 앞에서 돈을 **세었는가?**

# 중요단어 자동기억법(36)

**1 danger** [déindʒər, 데인저] 명 위험(↔ safety)

> 기억법 불에 **데인적**[데인저]은 있으나 가스는 더 **위험**이 있다.
>
> 파 **dangerous** [déindʒərəs, 데인저러스] 형 위험한

**2 skin** [skin, 스킨] 명 피부

> 기억법 **스킨** 로션은 **피부**에 바르는 미안수(美顔水)이다.
>
> 주 **로션**(lotion): 화장수
>
> 파 **skincare** [skínkὲər, 스킨케어] 명 피부관리

**3 fear** [fiər, 피어] 명 두려움, 공포

> 기억법 마음속에 꿈이 **피어** 올라 아무런 **두려움**이 없다.
>
> 파 **fearful** [fíərfəl, 피어펄] 형 두려운

**4 health** [helθ, 헬스] 명 건강

> 기억법 **헬스**클럽은 **건강**을 증진시키는 체육시설이다.
>
> 파 **healthy** [hélθi, 헬시] 형 건강한
> **healthful** [hélθfəl, 헬스펄] 형 건강에 좋은

**5 land** [lænd, 랜드] 명 땅, 육지

> 기억법 서울**랜드**는 **땅**이 매우 넓은 대공원이다.
>
> 파 **landing** [lændiŋ, 랜딩] 명 착륙

1. `danger`   There is no **danger** of flood.
2. `skin`   She has a fair **skin**.
3. `fear`   She trembled with **fear**.
4. `health`   Fresh air is good for the **health**.
5. `land`   His **land** is very rich.

**Notes**

1.flood: 홍수   2.fair: 하얀   3.tremble: 떨다
4.fresh: 신선한   5.rich: 기름진

해석

1. 홍수의 **위험**은 없다.
2. 그녀는 하얀 **피부**를 가졌다.
3. 그녀는 **두려움**으로 몸을 떨었다.
4. 신선한 공기는 **건강**에 좋다.
5. 그의 **땅**은 매우 비옥하다.

영단어 기억법 연습   —볼드체의 우리말을 영단어와 연상시킨다.

1. 가스보다 **위험**이 더 적은 불에 어떠한 일이 있었는가?

2. **피부**에 바르는 미안수를 무엇이라 하는가?

3. **두려움**이 없으려면 마음속에 꿈이 어때야 하는가?

4. **건강**을 증진시키는 체육시설을 무엇이라 하는가?

5. **땅**이 매우 넓은 서울 근교의 대공원을 무엇이라 하는가?

# 중요단어 자동기억법(37)

**1 bow**[bau,바우] 동 절하다

기억법 그녀는 **바위**[바우]에다 부처를 세우고 열심히 **절한다.**

파 **bower**[báuər,바우어] 명 절하는 사람

**2 judge**[dʒʌdʒ,저지] 명 판사, 재판관

기억법 범죄를 **저지**르면 **판사**앞에 서야한다.

파 **judgement**[dʒʌdʒmənt,저지먼트] 명 판결, 심판

**3 court**[kɔːrt,코오트] 명 법정;코트

기억법 그는 **코트**[코오트]를 입고 단정하게 **법정**에 섰다.

주 *cf.* **코트**(coat):상의, 외투

파 **courthouse**[kɔːrthàus,코오트하우스] 명 재판소, 법원

**4 drive** [draiv,드라이브] 동 운전하다

기억법 애인과 **드라이브** 할 때는 매우 신경을 써서 **운전하**

**여야** 한다.

주 **드라이브**(drive):자동차를 모는 것

파 **driver**[dráivər,드라이버] 명 운전사

**5 ever**[évər,에버] 부 지금까지;～한 적

기억법 그는 **지금까지 에버**랜드에 가본 적이 없다.

파 **evergreen**[évərgriːn,에버그린] 명 상록수

1. bow He **bowed** to his teacher.
2. judge The **judge** found him guilty.
3. court I have to go to **court** tomorrow.
4. drive He **drives** his own car.
5. ever Have you **ever** been to Paris?

**Notes**

2.found: find(판결을 내리다)의 과거, guilty: 죄 있는　3.tomorrow: 내일　4.own car: 자가용 차　5.have been to: ～에 갔다 왔다.

**해석**

1. 그는 선생님에게 **절하였다.**

2. **판사**는 그를 유죄로 판결하였다.

3. 나는 내일 **법정**에 나가야 한다.

4. 그는 그의 자가용 차를 **운전한다.**

5. 파리에 갔다온 **적**이 있습니까?

 영단어 기억법 연습 ——볼드체의 우리말을 영단어와 연상시킨다.

1. 그녀는 어디에다 부처를 세우고 **절하는가?**

2. 우리는 어떤 경우에 **판사** 앞에 서는가?

3. 그는 무슨 옷을 입고 **법정**에 단정히 섰는가?

4. 어느 때 매우 신경을 써서 **운전하여야** 하는가?

5. 그는 **지금까지** 어디에 가본 적이 없는가?

**1  each** [íːtʃ, 이-치] 때 각자, 제각기

> 기억법  **각자**는 **이치**[이-치]에 맞는 논리로 의견을 제시하였다.
>
> 구  **each time** : 매번, 항상

**2  joy** [dʒɔi, 조이] 명 기쁨, 환희, 즐거움

> 기억법  레슬링은 상대방을 **조이**는 맛이 있어야 **즐거움**이 있다.
>
> 파  **joyful** [dʒɔ́ifəl, 조이펄] 형 즐거운

**3  borrow** [bárou, 바로우] 동 빌리다(↔lend)

> 기억법  그는 **바로**[바로우] 갚을 것을 약속하고 친구한테 돈을 **빌린다**.
>
> 파  **borrowing** [bárouiŋ, 바로우잉] 명 차용, 차금

**4  cover** [kʌ́vər, 커버] 동 덮다

> 기억법  그녀는 **커버**린 아이들에게 그 이불로 **덮어** 줄 수가 없었다.
>
> 파  **coverage** [kʌ́vəridʒ, 커버리지] 명 취재, 적용범위

**5  travel** [trǽvəl, 트래블] 동 여행하다

> 기억법  그는 **트랩을**[트래블] 밟고 올라 비행기로 먼 나라를 **여행한다**.
>
> 파  **traveler** [trǽvələr, 트래블러] 명 여행사
> **travel agency** [éidʒənsi, 에이전시] 명 여행사

1.  `each`  **Each** has his own habit.
2.  `joy`  I shared all my **joys** with my wife.
3.  `borrow`  He **borrowed** money from his friends.
4.  `cover`  She **covered** her baby with a blanket.
5.  `travel`  He has **traveled** abroad several times.

**Notes**

1.own: 자신의, habit: 습관   2.share: ～와 나누다   3.friend: 친구
4.baby: 아기, blanket: 이불   5.abroad: 해외로, serveral times: 여러번

**해석**

1. 사람은 **각자** 자기의 습관이 있다.
2. 나는 나의 모든 **기쁨**을 처와 나누었다.
3. 그는 친구한테서 돈을 **빌려왔다**.
4. 그녀는 이불로 아기를 **덮었다**.
5. 그는 여러번 해외로 **여행하였다**.

## 영단어 기억법 연습

—볼드체의 우리말을 영단어와 연상시킨다.

1. **각자** 어떠한 논리로 의견을 개진하였는가?
2. 레슬링은 상대방을 어떻게 해야 **즐거움**이 있는가?
3. 그는 어떤 약속을 하고 친구한테 돈을 **빌렸는가**?
4. 그녀가 어째서 그 이불을 아이에게 **덮어줄** 수 없었는가?
5. 먼 나라를 **여행하려면** 무엇을 밟고 올라야 하는가?

1 **really** [ríəli, 리얼리] 부 정말로, 참으로

> 기억법 더운 물을 빨**리 얼리**는 것은 **정말로** 어렵다.
>
> 源 < **real** : 진실의 ; 실제의

2 **again** [əgén, 에겐] 부 다시, 또

> 기억법 **어! 갠**[어겐] 하늘을 **다시** 보겠네!

3 **large** [lɑːrdʒ, 라아지] 형 큰(=big)

> 기억법 어려워도 **큰** 마음을 갖고 인내하면 형편이 **나아지**
>
> [라아지] 겠지!
>
> 파 **largely** [lɑ́ːrdʒli, 라아지리] 부 크게, 주로

4 **small** [smɔːl, 스모올] 형 작은

> 기억법 **작은** 작물들은 큰 비로 **수몰**[스모올] 되어 버렸다.
>
> 파 **smallness** [smɔːl, 스모올니스] 명 작은 것, 미소

5 **then** [ðen, 덴] 부 그 당시(에)

> 기억법 그는 **그 당시 덴** 소 날치듯 했다.
>
> 주 「**덴 소 날치듯하다**」 : 물불을 가리지 않고 함부로 날뛰는 것
>
> 파 **thence** [ðens, 덴스] 부 거기서부터

1. `really` He was **really** walking with another girl.
2. `again` Try it **again**.
3. `large` This is a very **large** house.
4. `small` These shoes are too **small** for me.
5. `then` I was still single **then**.

> **Notes**
>
> 1.walk: 걷다, another: 또 다른   2.try: 해보다, it: 그것
> 3.very: 매우   4.shoes: 신, too: 너무   5.still:아직, single: 독신의

1. 그는 **정말** 또 다른 소녀와 걷고 있었다.

2. 그것을 **다시** 해보아라.

3. 이것은 매우 **큰** 집이다.

4. 이 신은 나에게는 너무 **적다**.

5. 나는 **그 당시** 아직 독신이었다.


—볼드체의 우리말을 영단어와 연상시킨다.

1. 더운물을 어떻게 하는 것이 **정말** 어려운가?

2. 비 온 뒤 **다시** 본 것은 무엇이었는가?

3. **큰** 마음을 갖고 인내하면 형편은 어떻게 되겠는가?

4. **작은** 작물은 큰비로 어떻게 되어 버렸는가?

5. 그는 **그 당시** 마치 어떻게 행동하였는가?

**1 waste**[weist, 웨이스트] 동 낭비하다 명 쓰레기

기억법 빵에다 **왜 이스트**[웨이스트]를 많이 넣어 **낭비하는가?**

파 **wasteful**[wéistfəl, 웨이스트펄] 형 낭비하는

**2 cotton** [katn, 카튼] 명 목화: 무명

기억법 그녀는 거실의 **커튼**[카튼]을 **무명**으로 만들었다.

파 **cottonseed**[kátnsi:d, 카트시-드] 명 목화씨

**3 agree**[əgrí:, 어그리] 동 동의하다, 의견이 일치하다.

기억법 나는 너의 의견에 **동의한다 그리어!**[어그리]

파 **agreement**[əgrí:mənt, 어그리-먼트] 명 동의, 승낙
**agreeable**[əgrí:əbl, 어그리-어블] 형 동의하는; 유쾌한

**4 night**[nait, 나이트] 명 밤

기억법 나는 **나이트** 클럽에 가서 친구들과 **밤**을 새웠다.

파 **nightfall**[náitfɔ:l, 나이트포올] 명 해질녘, 황혼

**5 nice**[nais, 나이스] 형 좋은, 훌륭한

기억법 **나이 스**[나이스]물이면 정말로 한창 **좋은** 때이다.

파 **nicely**[náisli, 나이스리] 부 훌륭하게

1. `waste`  He **wasted** his money on sweets.
2. `cotton`  This blouse is made of **cotton**.
3. `agree`  I **agree** with you.
4. `night`  **Night** began to fall.
5. `nice`  Today is **nice** weather for hiking.

**Notes**

1.sweet: 과자    2.blouse: 블라우스    4.began: begin(시작하다)의 과거   fall: 다가오다    5.today: 오늘, weather: 날씨

해석

1. 그는 돈을 과자에다 **낭비하였**다.

2. 이 블라우스는 **무명**으로 만들었다.

3. 나는 너의 의견에 **동의한다.**

4. 날이 저물기 시작하였다. (→**밤**이 다가오기 시작했다.)

5. 오늘은 하이킹 가기에 **좋은** 날씨이다.

## 영단어 기억법 연습

—볼드체의 우리말을 영단어와 연상시킨다.

1. 빵에다 무엇을 넣어 **낭비하는**가?

2. 그녀가 거실의 용품을 **무명**으로 만든 것은 무엇인가?

3. 남의 의견에 **동의한다**고 하는 말은 무엇인가?

4. 친구들과 **밤**을 세운 곳은 어디인가?

5. 정말로 한창 **좋은** 때는 어느 때인가?

# 중요단어 자동기억법(41)

1 **wrong** [rɔːŋ, 롱] 형 나쁜, 잘못된

기억법 남을 우롱하는 것은 **나쁜** 일이다.

파 **wrongly** [rɔ́ːŋli, 롱리] 부 나쁘게, 사악하게

2 **double** [dʌbl, 더블] 명 두배, 갑절

기억법 그와 **더불**[더블]어 일을 하면 **두배**를 더 할 수 있다.

파 **double-quick** [dʌ́blkwik, 더블 퀵] 명 속보(速步)

3 **inform** [infɔ́ːrm, 인포옴] 동 ~에게 알리다, 보고하다

기억법 **인**수가 **폼**[포옴]을 멋지게 잡고 친구에게 소식을 **알린다.**

파 **information** [infɔːrméiʃən, 인포메이션] 명 정보, 통지

4 **stamp** [stæmp, 스탬프] 명 우표

기억법 **우표**위에는 **스탬프**가 찍혀 있었다.

주 **스탬프**(stamp) : 도장, 소인(우표와 철자가 같음)

파 **stamper** [stǽmpər, 스탬퍼] 명 도장을 찍는 사람[것]

5 **bird** [bəːrd, 버-드] 명 새

기억법 키큰 **버드**[버-드] 나무 위에 **새가** 앉아 있다.

파 **bird's-eye** [bə́ːrdzài, 버어드자이] 형 조감적인

1. `wrong`  It is **wrong** to tell a lie.
2. `double`  Four is the **double** of two.
3. `inform`  I **informed** her of my departure.
4. `stamp`  My hobby is collecting **stamps**.
5. `bird`  She keeps many **birds**.

**Notes**

1.lie: 거짓말   3.departure: 출발   4.hobby: 취미,  collect: 모으다
5.many: 많은, keep: 기르다

**해석**

1. 거짓말을 하는 것은 **나쁘다**.

2. 4는 2의 2**배**이다.

3. 나는 그녀에게 나의 출발을 **알려주었다**.

4. 나의 취미는 **우표** 수집이다.

5. 그녀는 많은 **새**를 기른다.

## 영단어 기억법 연습

—볼드체의 우리말을 영단어와 연상시킨다.

1. **나쁜** 일이 되는 것은 남에게 무엇을 하는 때인가?

2. 두**배**를 더 일하려면 누구와 어떻게 하여야 하는가?

3. 누가 어떻게 하면서 친구에게 소식을 **알렸는가**?

4. **우표** 위에는 무엇이 찍혀 있었는가?

5. **새**가 앉아 있는 곳은 어느 나무인가?

**1  thing** [θiŋ, 싱] 몡 것, 물건

> 기억법 야채는 **싱싱**할수록 좋은 **것**이다.
>
> 파 **thingy** [θíŋi, 싱이] 혱 물건의, 물질의

**2  main** [mein. 메인] 혱 주요한, 주된

> 기억법 **주요한** 사항은 **매인**[메인] 마다 엄격히 지켜야 한다.
>
> 주 매인(每人):각 사람
>
> 파 **mainly** [méinli, 메인리] 봄 주로, 대체로

**3  fun** [fʌn, 펀] 몡 재미, 즐거움

> 기억법 샌드백에 **펀**치를 하는 것이 그의 **재미**이다.
>
> 주 펀치(punch) :타격
>
> 파 **funny** [fʌ́ni, 퍼니] 혱 재미있는

**4  heavy** [hévi, 헤비] 몡 무거운

> 기억법 **헤비**급은 몸무게가 제일 **무거운** 급을 말한다.
>
> 파 **heavyweight** [héviwèit, 헤비웨이트] 몡 평균체중 이
>
> 상의 사람

**5  captain** [kǽptin, 캡틴] 몡 선장, 주장

> 기억법 배에서 **캡**으로 **틴**[틴] 사람이 바로 **선장**이다.
>
> 주 캡:캡틴(captatin:수령)의 준말
>
> 파 **captaincy** [kǽptinsi, 캡틴시] 몡선장의 직

1. thing   What are those **things** on the desk?
2. main   Our **main** office is in Seoul.
3. fun   We had a lot of **fun** at the picnic.
4. heavy   This is a **heavy** metal.
5. captain   He is the **captain** of our team.

**Notes**

1.those: 그러한 것들의　　2.office: 사무소　　3.a lot of: 많은, picnic: 소풍　　4.heavy metal: 중금속　　5.our: 우리들의

**해석**

1. 책상 위에 있는 **것**들은 무엇이냐?
2. 우리의 **본**점은 서울에 있다.
3. 우리는 소풍에서 아주 **재미**있게 놀았다.
4. 이것은 **중**금속이다.
5. 그는 우리 팀의 **주장**이다.

## 영단어 기억법 연습

—볼드체의 우리말을 영단어와 연상시킨다.

1. 야채는 어떠한 **것**일수록 좋은가?
2. **주요한** 사항을 지켜야 할 사람은 누구인가?
3. 그의 **재미**는 샌드백에다 무엇을 하는 것인가?
4. 몸무게가 제일 **무거운** 선수를 무엇이라 하는가?
5. **선장**은 배에서 어떻게 튄 사람인가?

 # 중요단어 자동기억법(43)

**1 shoe** [ʃuː, 슈-] 몡 구두, 신

> 기억법  그가 멋진 **구두**를 신고 나갔더니 융숭한 **수우**[슈우]를 받았다.
>
> 줌 **수우**(殊遇):특수한 대우
>
> 파 **shoemaker** [ʃúːmèikər, 슈-메이커] 몡 구두장이, 제화공

**2 break** [breik, 브레이크] 동 깨뜨리다, 부서지다.

> 기억법  **브레이크**가 듣지 않아 자동차가 많이 **부서졌다.**
>
> 줌 **브레이크**(brake) : 제동기
>
> 파 **breakdown** [bréikdaun, 브레이크다운] 몡 파손, 고장

**3 dream** [driːm, 드리임] 몡 꿈

> 기억법  그는 꾼 **꿈**을 어머니에게 **드림**[드리임]으로써 용돈을 탔다.
>
> 파 **dreamer** [dríːmər, 드리이머] 몡 꿈꾸는 사람, 공상가

**4 fine** [fain, 파인] 형 훌륭한, 우수한

> 기억법  **파인**애플은 **훌륭한** 열대 과일이다.
>
> 줌 파인애플(pineapple)
>
> 파 **finely** [fáinli, 파인리] 부 훌륭하게

**5 glad** [glæd, 글래드] 형 기쁜

> 기억법  헤어졌다 만나는 것은 **그래도**[글래드] **기쁜** 일이다.
>
> 파 **gladness** [glædnis, 글래드니스] 몡 기쁨

1. `shoe`  He put on his new **shoes**.
2. `break`  Who **broke** the window?
3. `dream`  I had a happy **dream** last night.
4. `fine`  That is a **fine** piece of work.
5. `glad`  I was very **glad** at the news.

**Notes**

1.put on: 신다   2.who: 누구, broke: break의 과거   3.last night: 엊저녁   4.a fine piece of work: 훌륭한 작품   5.at the news: 그 소식을 듣고

**해석**

1. 그는 새 **구두**를 신었다.

2. 누가 그 유리창을 **깨뜨렸느냐**?

3. 나는 엊저녁에 즐거운 **꿈**을 꾸었다.

4. 저 것은 **훌륭한** (예술) 작품이다.

5. 나는 그 소식을 듣고 매우 **기뻤다**.

🍁 영단어 기어법 연습    —볼드체의 우리말을 영단어와 연상시킨다.

1. 그가 멋진 **구두**를 신고 나가니 어떠한 대접을 받았는가?

2. 자동차가 **부서**진 것은 무슨 이유인가?

3. 그가 용돈을 타기 위해 꾼 **꿈**을 어떻게 하였는가?

4. **훌륭한** 열대과일로 어떤 것이 있는가?

5. 헤어졌다 만나는 것은 (  )**기쁜** 일이다.

**1 who** [huː, 후-] 때 누구(가)

> 기억법 **누구**가 인심이 **후**한지 이장에게 물어보면 안다.
>
> 파 **whose** [huːz, 후-즈] 때 누구의

**2 east** [íːst, 이-스트] 명 동쪽(↔ west)

> 기억법 **동쪽**에 있는 식당에서 **이스트**[이-스트]로 빵을 만들었다.
>
> 주 **이스트**(yeast) : 효모
>
> 파 **eastern** [íːstərn, 이-스터언] 형 동쪽의

**3 marry** [mǽri, 매리] 동 결혼하다

> 기억법 누나 **메리**는 부자 청년과 **결혼한다**.
>
> 파 **marriage** [mǽridʒ, 매리지] 명 결혼

**4 garden** [gáːrdn, 가든] 명 정원

> 기억법 **가든** 파티는 **정원**에서 개최하는 파티이다.
>
> 파 **gardener** [gáːrdnər, 가든너] 명 정원사

**5 use** [juːs, 유-스] 명 사용, 이용

[juːz, 유-즈] 동 사용하다, 이용하다

> 기억법 수력발전은 댐을 만들어 **유수**[유-스]를 **이용한다**.

 단어응용문형

1. **who** — **Who** told you so?
2. **east** — The sun rises in the **east**.
3. **marry** — Tom **married** Betty.
4. **garden** — We have a small **garden**.
5. **use** — Teach me the **use** of this knife.

**Notes**

1.told: tell(말하다)의 과거   2.rise: 떠오르다   4.small: 작은

해석

1. **누가** 너에게 그렇게 말했니?
2. 해는 **동쪽**에서 뜬다.
3. 톰은 베티와 **결혼하였다**.
4. 우리는 조그마한 **정원**이 있다.
5. 이 칼의 **사용**을 나에게 가르쳐주라.

영단어 기억법 연습  —볼드체의 우리말을 영단어와 연상시킨다.

1. 이장에게 물어보면 **누가** 인심이 어떤지 아는가?
2. **동쪽**에 있는 식당에서 무엇으로 빵을 만들었는가?
3. 부자 청년과 **결혼한** 누나는 누구인가?
4. **정원**에서 멋지게 개최하는 파티를 무어라 하는가?
5. 수력발전은 댐을 만들어 무엇을 **이용**하는가?

# 중요단어 자동기억법(45)

**1  harm** [hɑːrm, 하암] 몡 해; 손해

> 기억법 **함**[하암]을 매고 장난치다 땅에 떨어져 크게 **손해**를 보았다.
>
> 파 **harmful** [hɑ́ːrmfəl, 하암펄] 혱 해로운

**2  wood** [wud, 우드] 몡 나무

> 기억법 새들이 **나무**에서 **우드**니 곧 날아갔다.
>
> 파 **wooden** [wudn, 우든] 혱 나무로 만든

**3  hurry** [hə́ːri, 허-리] 몡 매우 급함, 서두름

> 기억법 아무리 **급함**이 있어도 바늘 **허리**[허-리] 매어 쓰지 못한다.
>
> 파 **hurry-up** [hə́ːriʌ́p, 허리업] 혱 급히 서두르는

**4  hall** [hɔːl, 호올] 몡 회관, 강당

> 기억법 그는 **강당**에서 **홀**[호올]로 서서 큰 소리로 외쳐댄다.
>
> 파 **hallway** [hɔ́ːlwèi, 호올웨이] 몡 복도; 현관

**5  order** [ɔ́ːrdər, 오오더] 몡 주문, 명령

> 기억법 계속해서 상품의 **주문**이 **오더**[오오더]니 이제는 그쳤다.
>
> 파 **orderly** [ɔ́ːrdərli, 오오더리] 혱 명령의, 순서바른

1. harm   Snow caused great **harm** to the crops.
2. wood   Korean houses are built of **wood**.
3. hurry   There's no **hurry**.
4. hall   There are many students in the **hall**.
5. order   May I have your **order**, please?

**Notes**

1.cause: ～을 일으키다, crops: 농작물    2.built: build(짓다)의 과거
4.many: 많은,  student: 학생    5. may: ～해도 좋다

해석

1. 눈이 농작물에 큰 **손해**를 끼쳤다.
2. 한국의 집은 **나무**로 지어졌다.
3. 급히 **서두를** 필요는 없다.
4. **강당**에는 학생들이 많이 있다.
5. **주문**을 해주시겠습니까?

 영단어 기억법 연습 ―볼드체의 우리말을 영단어와 연상시킨다.

1. 매고 장난하다 땅에 떨어져 크게 **손해**가 난 것은?
2. 새들은 **나무**에서 무엇을 하고 곧 날아갔는가?
3. 아무리 **급함**이 있어도 바늘( )매어 쓰지 못한다.
4. 그가 **강당**에서 어떻게 서서 큰 소리로 외쳐대는가?
5. 상품의 **주문**은 계속해서 어떻게 되었는가?

1 **hurt** [həːrt, 허어트] 명 부상, 상처

> 기억법 **허튼** [허어트] 소리를 작작하여 당신에게 **상처**를 줄 생각이 없다.
>
> 파 **hurtful** [háːrtfəl, 허어트펄] 형 해로운

2 **name** [neim, 네임] 명 이름

> 기억법 **네 임**은 너의 **이름**을 사랑한다고 수없이 부를 것이다.
>
> 파 **namely** [néimli, 네임리] 부 즉, 다시 말하면

3 **examine** [igzǽmin, 이그재민] 동 검사하다, 시험하다

> 기억법 **이제 그 재민** 없으니 그것을 그만 **검사하도록** 해라.
>
> 파 **examination** [igzæminéiʃən, 이그재민네이션] 명 시험, 검사

4 **tea** [tiː, 티이] 명 (홍)차

> 기억법 **홍차**에 아주 작은 **티** [티이] 가 들어 있어 기분이 좋지 않다.
>
> 파 **tea break** [breik, 브레이크] 명 차 마시는 시간

5 **dear** [diər, 디어] 형 친애하는, 사랑하는

> 기억법 그는 **사랑하는** 애인한테서 너무나 **데어** [디어] 혼이 났다.
>
> 파 **dearly** [díərli, 디어리] 부 진심으로, 깊이

1. **hurt** — The failure was a great **hurt** to him.
2. **name** — May I have your **name**?
3. **examine** — My baggage was **examined** at customs.
4. **tea** — He drank too much green **tea**.
5. **dear** — I have a **dear** wife.

**Notes**

1.failure: 실패, great: 커다란　　2.may: ～해도 좋다.
3.baggage: 수하물, customs: 세관
4.drank: drink(마시다)의 과거　　5.wife: 처, 아내

해석

1. 그 실패는 그에게 큰 **상처**가 되었다.

2. **존함**이 어떻게 되십니까?

3. 나의 수하물은 세관에서 **검사를 받았다**.

4. 그는 너무 많이 녹**차**를 마셨다.

5. 나는 **사랑스러운** 아내가 있다.

영단어 기억법 연습
—볼드체의 우리말을 영단어와 연상시킨다.

1. 남에게 **상처**를 주지 않으려면 (　　)소리를 하지 않아야 한다.

2. 당신의 **이름**을 수없이 부른 사람은 누구의 임인가?

3. 그것을 그만 **검사하도록** 한 이유는 무엇인가?

4. **홍차**에 작은 무엇이 들어 있는가?

5. **사랑하는** 애인한테서 어떻게 혼이 났는가?

**1 song** [sɔːŋ, 소옹] 몡 노래

> 기억법 미스 **송**[소옹]은 **노래**를 잘 부른다.
>
> 파 **songster** [sɔ́ːŋstər, **소옹스터**] 몡 가수

**2 heat** [hiːt, 히-트] 몡 열, 더위

> 기억법 상대방이 **히트**[히-트]를 치면 **열**이 오르게 마련이다.
>
> 주 **히트**(hit):안타
>
> 파 **heater** [híːtər, 히-터] 몡 난방장치, 히터

**3 match** [mætʃ, 매치] 몡 성냥

> 기억법 다닥다닥 붙은 아파트가 **마치**[매치] **성냥** 갑 같다.
>
> 파 **matchbox** [mǽtʃbaks, **매치박스**] 몡 성냥통

**4 dead** [ded, 데드] 혱 죽은

> 기억법 그가 깡패한테 **대드**[데드]니 **죽은** 것은 당연하다.
>
> 파 **deadly** [dédli, **데드리**] 혱 치명적인, 치사의

**5 natural** [nǽtʃərəl, 내처럴] 혱 당연한, 자연의

> 기억법 **나처럼**[내처럴] 부지런히 일하면 성공은 **당연한** 것이다.
>
> 파 **naturally** [nǽtʃərəli, **내**처럴리] 閅 당연히;자연히

1. `song` She sang a folk **song** for us.
2. `heat` **Heat** turns water into steam.
3. `match` He lit a cigarette with a **match**.
4. `dead` He has been **dead** for three years.
5. `natural` It is **natural** that he should succeed.

**Notes**

1.sang: sing(노래 부르다)의 과거, folk song: 민요   2.turn: 변화시키다, steam: 수증기   3.lit: light(불을 붙이다)의 과거, cigarette: 담배
5.succeed: 성공하다

해석

1. 그녀는 우리들에게 민요 **한 곡**을 불러 주었다.

2. **열**은 물을 수증기로 변화시킨다.

3. 그는 담배에 **성냥**불을 붙였다.

4. 그는 **죽은** 지 3년이 되었다.

5. 그가 성공한 것은 **당연하**다.

영단어 기억법 연습 ―볼드체의 우리말을 영단어와 연상시킨다.

1. **노래**를 잘 부르는 처녀는 누구인가?

2. 상대방이 무엇을 하면 **열**이 오르게 되는가?

3. 다닥다닥 붙은 아파트가 (   ) **성냥**갑처럼 보인다.

4. 그는 어째서 그렇게 **죽었**는가?

5. 누구처럼 일해야 성공은 **당연한** 것인가?

# 중요단어 자동기억법(48)

1 **history** [hístəri, 히스터리] 뗑 역사

> 기억법 **역사**를 읽다보면 **히스테리**[히스터리]가 생길 때도 있다.
>
> 줜 **히스테리**(hysterie, 독):변질성의 정신병, 《영어》:hys-
> teria

2 **voice** [vɔis, 보이스] 뗑 목소리, 음성

> 기억법 **보이소**[보이스]! 그렇게 큰 **소리**로 말하면 어떻게
>
> 듣습니까?
>
> 파 **voiceless** [vɔislis, 보이스리스] 뼝소리없는, 무언의

3 **call** [kɔːl, 코올] 똥 부르다;외치다

> 기억법 **콜**[코올] 택시를 전화로 **부르면** 곧바로 도착한다.
>
> 파 **calling** [kɔːliŋ, 코올링] 뗑 부르심;직업

4 **back** [bæk, 백] 뗑 등;뒤

> 기억법 그는 **백**을 **등**에다 메고 산을 올랐다.
>
> 줜 백:bag(가방)
>
> 파 **background** [bǽkgràund, 백그라운드] 뗑 배경

5 **calm** [kɑːm, 카암] 뗑 조용한, 고요한

> 기억법 때가 캄**캄**[카암]한 밤이라 사방이 **조용하다.**
>
> 파 **calmly** [kɑ́ːmli, 카암리] 뷔조용하게

1. `history` What did you get in world **history**?
2. `voice` I heard a human **voice** then.
3. `call` They **called** the baby James.
4. `back` I have a pain in my **back**.
5. `calm` The wind has fallen **calm**.

**Notes**

1.get: 얻다  2.heard: hear(듣다)의 과거, human: 사람의, then: 그때
3.baby: 아기  4.pain: 아픔  5.wind: 바람, fall: 누그러지다

**해석**

1. 세계**사** 성적은 어떻습니까?
2. 나는 그때 사람의 **목소리**를 들었다.
3. 그들은 아기를 제임스라 **부른다**.
4. 나는 **등**이 아프다.
5. 바람이 **조용해**졌다.

 **영단어 기억법 연습**   ─볼드체의 우리말을 영단어와 연상시킨다.

1. **역사**를 읽다보면 무엇이 생길 때가 있는가?
2. (   )! 그렇게 큰**소리**로 말하면 어떻게 들습니까?
3. 전화로 **부르면** 곧 도착하는 택시는 무엇인가?
4. 그가 **등**에다 메고 산을 올랐던 것은 무엇인가?
5. 사방이 **조용한** 밤은 주위가 어떠한가?

**1 guide** [gaid, 가이드] 몡 안내(서), 가이드

> 기억법 **가이드**북은 여행이나 관광을 **안내**하는 책이다.
>
> 파 **guideline** [gáidlàin, **가**이드라인] 몡 지침, 개요

**2 kind** [kaind, 카인드] 혱 친절한

> 기억법 **카인도**[카인드] 어릴 때는 **친절한** 소년이었다.
>
> 주 **카인**(Cain) : 구약 창세기에서 동생 아벨을 살해한 사람
>
> 파 **kindness** [káindnis, **카**인드니스] 몡 친절

**3 noble** [noubl, 노우블] 혱 고상한, 고귀한

> 기억법 **노·불**[노우블]은 **고귀한** 종교창시자이다.
>
> 주 **노불**(老佛) : 노자와 석가
>
> 파 **nobility** [noubíləti, 노우**빌**러티] 몡 고상, 고귀

**4 noise** [nɔiz, 노이즈] 몡 소음, 소란

> 기억법 주위의 **시끄러운 소리**를 들으면 마음이 **놓이지**[노이
>
> 즈] 않는다.
>
> 파 **noisy** [nɔ́izi, **노**이지] 혱 시끄러운

**5 bad** [bæd, 배드] 혱 나쁜

> 기억법 함부로 **배 드**러내면 **나쁜** 사람으로 오인받기 쉽다.
>
> 파 **badly** [bǽdli, **배**드리] 뷔 나쁘게

1. `guide` This is a **guide** to English studies.
2. `kind` She is very **kind** to me.
3. `noble` He is a man of **noble** character.
4. `noise` Don't make a **noise**.
5. `bad` It's **bad** to tell lies.

**Notes**

1.English studies: 영어공부  2.very: 매우  3.character: 인격
4.make a noise: 떠들다  5.lie: 거짓말

**해석**

1. 이것은 영어를 공부하기 위한 **안내서**이다.

2. 그녀는 나에게 매우 **친절하다**.

3. 그는 **고상한** 인격의 소유자이다.

4. **떠들지** 마라.

5. 거짓말을 하는 것은 **나쁘다**.

## 영단어 기억법 연습

—볼드체의 우리말을 영단어와 연상시킨다.

1. 여행이나 관광을 **안내**하는 책을 무엇이라 하는가?

2. 어릴 때 **친절한** 소년은 누구였는가?

3. **고귀한** 종교 창시자는 누구누구인가?

4. **시끄러운 소리**를 들으면 마음은 어떻게 되는가?

5. **나쁜** 사람으로 오인받기 쉬운 태도는 어떤 것이 있는가?

---

**1  also** [ɔ́:lsou, 오올소우] 🕛 또한, 역시

> 기억법  당신의 의견도 **또한 옳소**[오올소우]!
>
> 파  **also-runner** [ɔ́:lsourʌ̀nər, 오올소우러너] 명 패자

---

**2  safe** [seif, 세이프] 안전한, 위험이 없는

> 기억법  그 타자의 도루는 **안전하게 세이프**되었다.
>
> 파  **safety** [séifti, 세이프티] 명 안전, 무사

---

**3  catch** [kætʃ, 캐치] 동 잡다, 붙잡다

> 기억법  **캐치** 볼을 할 때는 공을 잘 **잡아야** 좋은 야구선수가 된다.
>
> 주  **캐치볼**(catch ball):공을 던지고 받고 하는 연습
>
> 파  **catcher** [kǽtʃər, 캐처] 명 포수

---

**4  bath** [bæθ, 배스] 명 목욕(탕)

> 기억법  **목욕탕**은 **배수**[배스]가 잘 되도록 설치하여야 한다.
>
> 파  **bathroom** [bǽθrum, 배스룸] 명 욕실

---

**5  another** [ənʌ́ðər, 언어더] 형 또 하나의(것)

> 기억법  **어！너더**[언어더]러 누가 **또 하나의** 과자를 먹으라
>
> 고 했나?

1.　`also`　He **also** speaks German.
2.　`safe`　This water is **safe** to drink.
3.　`catch`　He **caught** me by the hand.
4.　`bath`　The house has one **bath**.
5.　`another`　He has **another** son.

> **Notes**
>
> 1.German: 독일어　2.drink: 마시다　3.caught: catch의 과거
> 4.house: 집, one:하나　5.son: 아들

**해석**

1. 그는 **또한** 독일어를 말한다.
2. 이 물은 마시기에 **안전하다**.
3. 그는 나의 손을 **잡았다**.
4. 그 집은 **목욕탕**이 하나 있다.
5. 그는 아들이 **또하나**가 있다.

## 영단어 기억법 연습

—볼드체의 우리말을 영단어와 연상시킨다.

1. 당신의 의견은 **또한** 어떠한가?
2. 타자의 도루는 **안전하게** 어떻게 되었는가?
3. 무엇을 할 때 공을 잘 **잡아야** 좋은 야구선수가 되는가?
4. **목욕탕**은 무엇이 잘되도록 설치해야 하는가?
5. **또하나의** 과자를 누구더러 먹으라고 했는가?

# 중요단어 자동기억법(51) –전치사 1

**1 in** [in,인] 전 …안에, 속에

기억법 **인**호가 방 **안에서** 잠자고 있다.

파 **income** [ínkʌm,**인**컴] 수입, 소득
**internal** [intə́:rnl,인**터**늘] 형 안의, 내부의

**2 on** [ɔn,온] 전 …위에

기억법 **온** 땅 **위에는** 온통 하얀 눈이 덮였다.

파 **onlooker** [ɔ́nlùkər,**온**룩커] 명 구경꾼, 방관자

**3 upon** [əpɑn,어판] 전 …위에(=on)

기억법 **어! 판**[어판]을 깨지말고 너는 조용히 의자**위에** 앉아 있어라.

* **on**이 대개 구어(口語)적이고, **upon**은 격식적이다.
《구》 **upon my word**:맹세코

**4 above** [əbʌ́v,어**버**브] 전 위쪽에

기억법 **어버**이 **부**[어버브]터 **위쪽에** 정중하게 모셔야 한다.

파 **above-average** [əbʌ̀vǽvəridʒ,어**버**브애버리지] 형
평균 이상의

**5 over** [óuvər,오우버] 전 …위에

기억법 **오버**코트 **위로** 파리가 날아갔다.

파 **overcome** [òuvəkʌ́m,오우버**컴**] 동 극복하다
**overflow** [òuvərflóu,오우버플**로**우] 동 넘쳐흐르다

1.  **in**  In-ho is sleeping **in** the room.
2.  **on**  There is a cup **on** the table.
3.  **upon**  He jumped **upon** the bus.
4.  **above**  The moon rose **above** the hill.
5.  **over**  There is a bridge **over** the river.

**Notes**

1.sleep: 잠자다  2.There is~: ~이 있다  3.jump: 뛰어오르다
4.rise: 오르다, hill: 언덕  5.bridge: 다리, river: 강

해석

1. 인호는 방 **안에서** 잠을 자고 있다.
2. 테이블 **위에** 컵이 하나 있다.
3. 그는 버스 **위로** 뛰어 올랐다.
4. 달이 언덕 **위로** 떴다.
5. 강 **위에** 다리가 하나 있다.

## 영단어 기억법 연습

—볼드체의 우리말을 영단어와 연상시킨다.

1. 누가 방 **안에서** 잠자고 있는가?
3. **온통** 하얀 눈이 어디에 덮혀 있는가?
3. 너는( )을 깨지말고 조용히 의자 **위에** 앉아 있어라..
4. **위쪽**에다 정중이 모셔야 할 사람은 누구인가?
5. 어디 **위로** 파리가 날아 갔는가?

**1  among**[əmʎŋ, 어멍] 전 …사이에

> 기억법  **어망**[어멍] **사이에** 고기들이 다닥다닥 끼어 있다.

**2  under**[ʎndər, 언더] 전 …의 아래에, 밑에

> 기억법  큰 다리 바로 **아래**에는 강물이 꽁꽁 **언다**[언더].
>
> 파 **undergo**[ʎndərgóu, 언더**고우**] 동 받다, 입다

**3  up**[ʎp, 업] 부 위로, 위쪽에

> 기억법  그녀는 아기를 **업**고 언덕 **위로** 올라갔다.
>
> 파 **uphold**[ʎphóuld, 업**호**울드] 동 (들어)올리다

**4  out**[aut, 아웃] 전 밖에, 외부로

> 기억법  **아웃** 볼은 경기장 **밖으로** 나가는 볼을 말한다.
>
> 파 **outcome**[áutkʎm, **아**웃컴] 명 결과, 성과

**5  by**[bai, 바이] 전 …옆에, 곁에

> 기억법  그녀는 자기 남편 **옆**에 있을 수 밖에 **바이**없다.
>
> 주 **바이없다**:전연 방법이 없다.
>
> 파 **bygone**[báigɔ̀n, **바**이곤] 형 지나간, 과거의
> **bypass**[báipæs, **바**이패스] 명 우회로

1. among  We can see a house **among** the trees.
2. under  They sat **under** a tree.
3. up  They went **up** the stairs.
4. out  He went **out** the door.
5. by  He sits **by** the window.

**Notes**

1.see: 보다    2.sat: sit(앉다)의 과거    3.went: go(가다)의 과거,
stair: 계단    4.door: 문    5.sit: 앉다, window: 창문

해석

1. 나무 **사이로** 집 한 채를 볼 수 있다.
2. 그들은 나무 **아래에** 앉았다.
3. 그는 계단을 **올라**갔다.
4. 그는 문**밖으로** 나갔다.
5. 그는 창문 **옆에** 앉는다.

영단어 기억법 연습 —볼드체의 우리말을 영단어와 연상시킨다.

1. 고기들이 다닥다닥 **끼어있는** 곳은 어디인가?
2. 큰 다리 바로 **아래에는** 강물이 한 겨울에는 어떠한가?
3. 그녀는 아기를 (    )고 언덕 **위로** 올라갔다.
4. 경기장 **밖으로** 나가는 볼을 무엇이라 하는가?
5. 그녀가 자기 남편 **옆에** 있을 수밖에 (    )없다.

# 중요단어 자동기억법(53)

**1 pupil**[pjúːpəl, 퓨우펄]명 학생, 생도

기억법 그 **학생**은 점수를 보더니 **퓨우**하고 **펄**썩 주저 앉는다.

주 **pupil**은 「눈동자」의 뜻도 있음

**2 globe**[gloub, 글로우브] 명 지구;지구의

기억법 그는 자기 **글러브**[글로우브]를 **지구**의(地球儀) 옆에 놓아 두었다.

주 글러브(glove, 장갑)와 글로우브(globe)의 발음에 주의

파 **global**[gloubəl, 글로벌] 형 지구의, 세계적인

**3 furniture**[fə́ːrnitʃər, 퍼어니처] 명 가구

기억법 썬 **퍼니처** 회사의 **가구**를 샀더니 매우 튼튼하다.

파 **furnishing**[fə́ːrniʃiŋ, 퍼니싱] 명 가구의 비치;비품

**4 funny**[fʌ́ni, 퍼니] 형 우스운, 재미있는

기억법 처녀가 갓쓰고 물을 **푸니**〔퍼니〕 정말로 **우습다**.

源 < **fun**:재미, 놀기

**5 fur**[fəːr, 퍼어] 명 모피;털

기억법 그녀는 **모피**를 자루에서 **퍼**[퍼어]내고 있다.

파 **furry**[fə́ːri, 퍼리] 형 모피(제)의

**furrier**[fə́ːriər, 퍼리어] 명 모피상〔공〕

1. `pupil` The **pupils** entered the theater.
2. `globe` The population of the **globe** is too many.
3. `furniture` We don't have much **furniture**.
4. `funny` What's **funny**?
5. `fur` That cat has beautiful **fur**.

**Notes**

1.enter: 들어가다, theater: 극장　　2.population: 인구, too: 너무
3.much: 많은　　4.what: 무엇　　5.cat: 고양이

**해석**

1. **학생**들이 극장에 들어갔다.

2. **지구** 상의 인구는 너무 많다.

3. 우리 집에는 **가구가** 많지 않다.

4. 무엇이 (그렇게) **우스우**냐?

5. 저 고양이는 아름다운 **털**을 가지고 있다.

**영단어 기억법 연습** ──볼드체의 우리말을 영단어와 연상시킨다.

1. 왜 그 **학생**은 퓨우하고 어떻게 주저 앉는가?

2. 그는 **지구**의(儀) 옆에 자기의 무엇을 놓아두었는가?

3. 어떤 회사의 **가구**를 사면 튼튼한가?

4. 처녀가 어떤 모양으로 어떻게 하니 **우스운**가?

5. 그녀는 **모피**를 어디에서 어떻게 하고 있는가?

# 중요단어 자동기억법(54)

**1 spider** [spáidər, 스파이더] 명 거미

> 기억법 **거미**가 **스파이**처럼 **더** 기승을 부리고 다가온다.
>
> 파 **spidery** [spáideri, 스파이더리] 형 거미의[같은]


**2 gate** [geit, 게이트] 명 대문, 문

> 기억법 노인들이 **대문**밖에서 **게이트**볼을 하고 있다.
>
> 주 **게이트볼** : T자 모양의 스틱으로 공을 때려 문을 차례
>
> 로 통과시키는 경기로 고령자용 스포츠임.
>
> 파 **gateway** [géitwèi, 게이트웨이] 명 문, 출입구


**3 grape** [greip, 그레이프] 명 포도

> 기억법 그녀는 **그래프**[그레이프] 용지로 **포도**를 멋지게 싸서 선물하였다.
>
> 주 그래프(graph,도표)와 그레이프(grape)와의 발음차
>
> 이에 주의할 것


**4 hammer** [hǽmər, 해머] 명 망치

> 기억법 그는 **하마**[해머]를 **망치**로 때렸다.
>
> 파 **hammerblow** [-blòw,블로우] 명 망치질, 맹타


**5 nurse** [nə:rs, 너어스] 명 간호사, 보모

> 기억법 **간호사**가 약을 봉투에 **너어서**[너어스] 준다.
>
> 파 **nursery** [nə́:rsəri, 너어서리] 명 육아실, 탁아소

1. `spider`   There is a **spider's** web on the wall.
2. `gate`   He was standing at the **gate**.
3. `grape`   I had a bunch of **grapes**.
4. `hammer`   He is driving a nail with **hammer**.
5. `nurse`   She is a general hospital **nurse**.

**Notes**

1.web: 그물, wall: 벽　2.stand: 서다　3.have: 먹다, bunch: 송이
4.drive: 박다, nail: 못　5.general hospital: 종합병원

**해석**

1. 벽에는 **거미**집이 있다.

2. 그는 **문**간에 서있다.

3. 나는 **포도** 한 송이를 먹었다.

4. 그는 **망치**로 못을 박고 있다.

5. 그녀는 종합병원 **간호사**이다.

**영단어 기억법 연습**　—볼드체의 우리말을 영단어와 연상시킨다.

1. **거미**가 (　)처럼 어떻게 다가오는가?

2. 노인들이 **대문**밖에서 무엇을 하고 있는가?

3. 그녀가 무슨 용지로 **포도**를 멋지게 포장하였는가?

4. 그가 **망치**로 무엇을 때렸는가?

5. **간호사**가 약을 어떻게 건네주는가?

# 중요단어 자동기억법(55)

**1 rail** [reil, 레일] 명 철로, 레일

기억법 그가 **철로** 놓는 것을 **내일**[레일]처럼 꼼꼼히 하고 있다.

파 **railroad** [réilròud, 레일로우드] 명 철도


**2 batter** [bǽtər, 배터] 명 (야구등의) 타자

기억법 그 **타자**는 침을 탁 **뱉어**[배터]내고 공을 친다.

源 < **bat** [bæt, 뱃] 명 타구, 강타


**3 socks** [saks, 싹스] 명 양말

기억법 도둑놈이 **양말**까지 **싹쓸**[싹스]이 해갔다.

주 **socks**는 「짧은 양말」, **stockings**는 무릎까지 올라
오는 「긴양말」


**4 milk** [milk, 밀크] 명 우유;젖

기억법 **밀크** 캐러멜은 **우유**로 만든 캐러멜이다.

파 **milky** [mílki, 밀키] 형 우유의, 젖같은
**milkman** [mílkmən, 밀크먼] 명 우유배달원[장사]


**5 muscle** [mʌ́sl, 머슬] 명 근육 〈발음주의〉

기억법 그는 육체미의 **멋을**[머슬] 내기위해 **근육**을 단련시킨다.

파 **muscular** [mʌ́skjələr, 머스큐어러] 형 근육의
**muscleless** [mʌ́slis, 머슬리스] 형 근육이 없는

1. The train ran off the **rails**.
2. The **batter** hit a ball with a bat.
3. He put on his **socks**.
4. May I have a glass of **milk**?
5. He strengthened his **muscle** by running.

**Notes**

1.ran: run(달리다)의 과거, run off the nails: 탈선하다
2.hit: 때리다, bat: 뱃     3.put on: ~을 신다     4.glass: 잔
5.strengthen: 단련시키다.

 해석

1. **기차**가 궤도에서 탈선하였다.
2. 그 **타자**는 배터로 볼을 쳤다.
3. 그는 **양말**을 신었다.
4. **우유** 한 잔 주시겠습니까?
5. 그는 달려서 **근육**을 단련시켰다.

영단어 기억법 연습 ──볼드체의 우리말을 영단어와 연상시킨다.

1. 그가 **철로** 놓는 것은 누구 일처럼 꼼꼼히 하고 있는 것인가?
2. 그 **타자**는 어떻게 한 후에 공을 치는가?
3. 도둑놈이 **양말**을 어떻게 해 갔는가?
4. **우유**로 만든 캐러멜을 무슨 캐러멜이라 하는가?
5. 그가 **근육**을 단련하여 육체미의 무엇을 내는가?

 # 중요단어 자동기억법(56)

**1 barber**[báːrbər, 바아버] 뗑 이발사(*cf.*(영) hairdresser)

기억법 **이발사**가 **바바**[바버]리 (코트)를 입고 이발을 해주고 있다.
파 **barbershop**[báːbərʃàp, 바버샵] 뗑 이발소(((영)
barber's shop)

**2 cool**[kuːl, 쿠울] 휑 시원한, 서늘한

기억법 그는 **시원한** 방에서 쿨쿨[쿠울] 자고 있다.
파 **cooler**[kúːlər, 쿠울러] 뗑 냉각기, 냉장고
**coolly**[kúːli, 쿠울리] 閅 서늘하게

**3 mistake**[mistéik, 미스테이크] 똥 틀리다, 오해하다

기억법 **미선**이는 **스테이크** 먹는 방식이 **틀린다**.
파 **mistaken**[mistéikən, 미스테이큰] 휑 틀린, 잘못된

**4 have**[hæv, 해브] 똥 가지다

기억법 의사는 **해부**[해브]학 책을 필수적으로 **가진다**.
파 **have-not**[hǽvnàt, 해브낫] 뗑 무산자

**5 drink**[driŋk, 드링크] 똥 마시다

기억법 그녀는 냉장고에서 인삼**드링크**를 꺼내 **마신다**.
파 **drinker**[dríŋkər, 드링커] 뗑 술꾼
**drinking**[dríŋkiŋ, 드링킹] 뗑 음주

1.       He have been to **barber**shop.
2.       Outdoors it is growing **cool**.
3.       You are **mistaken** about it.
4.       They **have** no children.
5.       Give me something to **drink**.

**Notes**

1.have been to: ～에 갔다오다  2.outdoors: 밖에, grow: 되다
3.mistaken: mistake(틀리다)의 과거분사, fruit: 열매  4.children: 어린이들  5.something: 무엇

**해석**

1. 그는 **이발**소에 다녀왔다.
2. 밖에는 기온이 서**늘해지고** 있다.
3. 너는 그것을 **잘못 생각하고** 있다.
4. 그들은 아이들이 없다.
5. 무엇인가 **마실** 것을 주라.

 **영단어 기억법 연습** —볼드체의 우리말을 영단어와 연상시킨다.

1. **이발사**는 무엇을 입고 이발을 하고 있는가?
2. 그는 **시원한** 방에서 어떻게 자고 있는가?
3. 미선이는 무엇을 먹는 방식이 **틀리는가**?
4. 의사는 **해부**학 책을 필수적으로 (   ).
5. 그녀는 냉장고에서 무엇을 꺼내 **마시는가**?

**1 know** [nou, 노우] 통 알고 있다. 알다

> 기억법 **노우**하우가 무슨 뜻인지를 그는 **알고 있다.**
>
> 파 **know-how** [nóu-hàu, 노우 하우] 명 실제적 지식[기술]
> **knowledge** [nǽlidʒ, 나리지] 명 지식

**2 guess** [ges, 게스] 통 추측하다

> 기억법 그가 죽은 원인은 **가스**[게스] 때문이라고 **추측한다.**
>
> 파 **guesswork** [-wə:rk, 워어크] 명 억측(으로 한 일)

**3 full** [ful, 풀] 형 가득찬, 찬

> 기억법 **풀**장에는 물이 **가득 차** 있다.
>
> 주 풀(pool):수영장
>
> 파 **fullness** [fúlnis, 풀니스] 명 가득참, 충만

**4 bear** [bɛər, 베어] 통 낳다

> 기억법 사람은 아기를 10개월 **배어**[베어] 있다가 **낳는다.**
>
> 파 **bearing** [bɛ́əriŋ, 베어링] 명 출산

**5 beat** [bi:t, 비-트] 통 두드리다, 치다

> 기억법 그는 북을 **비틀**[비-트]어지도록 **두드렸다.**
>
> 파 **beaten** [bí:tn, 비-튼] 형 두들겨 맞는, 진

1.       I **know** some French words.
2.       Can you **guess** her age?
3.       The hall was **full** of people.
4.       He was **borne** by an American woman.
5.       He **beat** the boy with a stick.

**Notes**

1.French: 프랑스어의, word: 단어  2.ago: 나이  3.people: 사람들
4.borne: bear(낳다)의 과거분사, woman: 여자  5.stick: 막대기

**해석**

1. 나는 프랑스단어를 다소 **알고 있다**.
2. 그녀의 나이를 **추측할 수** 있습니까?
3. 그 강당은 사람들로 **가득찼다**.
4. 그는 미국인 어머니에게서 **태어났다**.
5. 그는 그 소년을 막대기로 **때렸다**.

 영단어 기억법 연습 —볼드체의 우리말을 영단어와 연상시킨다.

1. **노우**하우가 무슨 뜻인지 그는 (   ).
2. 그가 죽은 원인은 무엇이라고 **추측하는가**?
3. 물이 **가득 차** 있는 곳은 어디인가?
4. 아기는 10개월 **배어** 있다가 (   ).
5. 그가 북을 어떻게 **두드렸는가**?

**1  bloom**[blu:m, 블루움] 몡 꽃

> 기억법 **꽃**을 선물받으니 모두가 **부러움**[블루움]을 나타낸다.
> 파 **blooming**[blú:miŋ, 블루우밍] 혱 꽃이 활짝 핀

**2  zero**[zíərou, 지(어)로우] 몡 영, 제로

> 기억법 **지로**[지로우] 용지가 영**영** 돌아오지 않았다.
> 주 **지로**(Giro):지급인이 수취인의 은행예금계좌에 입금시
> 켜 직접 만나지 않고 지불을 완결하게 하는
> 결제 제도

**3  camel**[kǽməl, 캐멀] 몡 낙타

> 기억법 상인이 감자를 **케(어) 멀**리 **낙타**에 싣고 갔다.
> 주 Arabian camel:단봉낙타, Bactrian camel:쌍봉낙타

**4  well**[wel, 웰] 뷔 잘, 훌륭히

> 기억법 그는 영어단어를 **잘 욀**[웰] 수가 있다.
> 파 **well-being**[wélbi:iŋ, 웰비-잉] 몡 복지, 복리

**5  courage**[kə́:ridʒ, 커-리지] 몡 용기

> 기억법 청년들이 **칼리지**[college(대학), 커-리지]에 들어가
> 면 **용기**가 절로 난다.
> 파 **courageous**[kʌréidʒəs, 커레이저스] 혱 용기있는

1.        The tulips will come into **bloom** soon.
2.        Add two **zeros** to 6 and get 600.
3.        A **camel** walks well on the desert.
4.        She slept **well** last night.
5.        He lacks **courage** now.

**Notes**

1.come into bloom: 꽃이 피다  2.add: ～을 더하다, get: 된다
3.walk: 걷다, well: 잘, desert: 사막  4.slept: sleep(자다)의 과거,
last night: 엊저녁  5.lack: ～이 없다. now: 이제

**해석**

1. 튤립은 곧 **꽃**이 필 것이다.
2. 6에 2개의 **제로**을 더하면 600이 된다.
3. **낙타**는 사막에서 잘 걷는다.
4. 그녀는 엊저녁에 **잘**잤다.
5. 그는 이제 **용기**가 없다.

## 영단어 기어법 연습

—볼드체의 우리말을 영단어와 연상시킨다.

1. **꽃**을 선물받으니 모두가 어떠한 표정을 나타내는가?
2. 영**영** 돌아오지 않은 것은 어떠한 용지였는가?
3. 상인은 감자를 어떻게 하여 어디까지 **낙타**에 싣고 갔는가?
4. 그는 영어단어를 **잘** ( )수가 있다.
5. 청년들이 어디에 들어가면 **용기**가 절로 나는가?

# 기초단어 기억법(1)

**1  able** [éibl, 에이블] 형 ~할 수 있는, 유능한

> 기억법 **애 이블** [에이블]로 **할 수 있는** 충분한 배가 있다.
>
> 파 **ably** [éibli, 에이블리] 부 훌륭히, 솜씨있게

**2  all** [ɔːl, 올] 형 모든  명 전부, 모두

> 기억법 풀린 **모든 올**들이 엉켜 있다.
>
> 주 올: 실이나 줄의 가닥
>
> 파 **all-in** [올린] 형 전부를 포함한, 전면적인

**3  add** [æd, 애드] 동 더하다, 늘리다

> 기억법 **애들** [애드]이 동전을 **더하여** 크게 늘렸다.
>
> 파 **addition** [ədíʃən, 어디션] 명 부가, 덧셈

**4  along** [əlɔ́ːŋ, 어롱] 전 ~을 따라서

> 기억법 깃발들이 길을 **따라서 어롱**더롱 널려 있었다.
>
> 파 **alongside** [어롱사이드] 전 ~와 나란히, ~의 곁에

**5  angel** [éindʒəl, 에인절] 명 천사

> 기억법 그는 **천사같은 애인**(에)**절** [에인절]을 곱게 한다.
>
> 파 **angelic** [ændʒélik, 앤젤익] 형 천사같은

 **단어응용문형**

1.  `able`  I'll be **able** to see him tomorrow.
2.  `all`  **All** of us went there.
3.  `add`  I **added** his name to the list.
4.  `along`  I walked **along** the river.
5.  `angel`  She is an **angel** of a wife.

> **Notes**
>
> 1.tomorrow: 내일   2. there: 거기   3.name:이름  list: 명부
> 4. walk: 걷다  river: 강   5.wife: 아내

**해석**

1. 나는 그를 내일 만날 **수 있을** 것이다.
2. 우리 **모두**가 거기에 갔다.
3. 나는 명부에 그의 이름을 **더하였다**.
4. 나는 강을 **따라** 걸었다.
5. 그녀는 **천사**같은 아내이다.

**영단어 기억법 연습**　—볼드체의 우리말을 영단어와 연상시킨다.

1. 무엇을 **할 수 있는** 충분한 베가 있는가?
2. 풀린 **올**들이 엉켜 있는 것은 어느 정도의 **올**인가?
3. 동전을 **더하여** 크게 **늘린** 것은 누구인가?
4. 깃발들이 길을 **따라서** 어떻게 널려 있는가?
5. 그는 **천사**같은 누구에게 무엇을 하는가?

# 기초단어 기억법(2)

### 1 **answer** [ǽnsər, 앤써] 통 대답하다

기억법 그는 **안 써**〔앤써〕 놓은 말로 **대답해야** 한다.

주 answer for : ~에 책임을 지다

### 2 **any** [éni, 에니] 형 어떤, 얼마간의 ; 조금도

기억법 그는 무례한 **애니**〔에니〕 **어떤** 일도 개의치 않는다.

파 **anybody** [énibàdi, 에니바디] 대 누군가, 누구든지

### 3 **apart** [əpá:rt, 어파트] 부 떨어져, 따로따로

기억법 그녀는 **아파트**〔어파트〕에 **떨어져** 살고 있다.

파 **apartheid** [əpá:rtheit, 어파트헤이트] 명 인종 격리 정책
**apartment** [əpá:rtmənt, 어파트먼트] 명 아파트

### 4 **appeal** [əpí:l, 어필] 명 호소 동 호소하다, 간청하다

기억법 정조대왕의 **어필**은 강력한 **호소**력이 있다.

주 어필(御筆) : 임금의 글씨

파 **appealing** [əpí:liŋ] 형 마음에 호소하는

### 5 **appear** [əpíər, 어피어] 통 나타나다

기억법 애가 엄마등에 **엎히어**〔어피어〕 **나타났다**.

파 **appearance** [əpíərəns, 어피어런스] 명 출현, 나타남

1. **answer** I cannot **answer** the question.
2. **any** Do you have **any** books to read?
3. **apart** The two cities are ten miles **apart**.
4. **appeal** He **appeal** to me for help.
5. **appear** The stars begin to **appear**.

> **Notes**
>
> 1.question: 질문　　2. read: 읽다　　3. city: 도시
> 5. star: 별　begin: 시작하다

**해석**

1. 나는 그 질문에 **대답할** 수가 없다.
2. 너는 읽을 **어떤** 책이 있느냐?
3. 그 두 도시는 10마일 **떨어져** 있다.
4. 그는 나에게 도와달라고 **호소하였다**.
5. 별들이 **나타나기** 시작하였다.

 영단어 기억법 연습　　—볼드체의 우리말을 영단어와 연상시킨다.

1. 그는 어떠한 말로 **대답해야** 하는가?
2. **어떤** 일도 개의치 않는다면 무례한 누구겠는가?
3. 그녀는 어디에 **떨어져** 살고 있는가?
4. 강력한 **호소력**이 있는 것은 정조대왕의 무엇인가?
5. 애가 엄마 등에 어떻게 하여 **나타났**는가?

**1 area** [ɛ́əriə, 에어리어] 명 지역, 지방

기억법 애(가)**어리어**[에어리어] 그 **지역**에는 들어갈 수 없다.

파 **areal** [ɛ́əriəl, 에어리얼] 형 지역의


**2 as** [æz, 애즈] 접 ～이므로, ～대로, 처럼

기억법 그는 **애주**[애즈]가 **이므로** 소주를 잘 마신다.

숙 as if : 마치 ～처럼


**3 ask** [ǽsk, 애스크] 동 묻다, 물어보다

기억법 그녀에게 **애수**(가) **크**[애스크]냐고 **묻는다**.

주 애수(哀愁):슬픈 근심


**4 attract** [ətrǽkt, 어트랙트] 동 끌어당기다, 매혹하다

기억법 장사가 **어!트랙터**[어트랙트]를 힘겹게 **끌어당기네!**

파 **attraction** [ətrǽkʃən, 어트랙선] 명 매력


**5 author** [ɔ́:θər, 오서] 명 저자, 작가

기억법 **저자**가 손수 **오셔**[오서]서 책에 사인을 했다.

파 **authoress** [ɔ́:θəris, 오서리스] 명 여류작가

1.  **area**  Hunting is prohibited in this **area**.
2.  **as**  He did it **as** he was told.
3.  **ask**  I **asked** his address.
4.  **attract**  Flowers **attract** bees.
5.  **author**  Who is the **author** of this book?

---

**Notes**

1.hunting: 사냥  prohibit: 금지하다  2.told: tell(말하다)의 과거
3.address: 주소  4.bee: 벌  5.who: 누구

---

 **해석**

1. 사냥이 이 **지역**에서는 금지된다.
2. 그는 들은 **대로** 그것을 했다.
3. 나는 그의 주소를 **물었다**.
4. 꽃은 벌을 **끌어당긴다**.
5. 누가 이 책의 **저자**인가?

---

**영단어 기억법 연습**  —볼드체의 우리말을 영단어와 연상시킨다.

1. 그 **지역**에 들어갈 수 없는 애는 어떤 애인가?
2. 그가 소주를 잘 마시는 **이유**는 무엇인가?
3. 그녀에게 **묻는** 것은 무엇인가?
4. 장사가 힙겹게 **끌어당기는** 것은 무엇인가?
5. **저자**는 손수 어떻게 하여 책에 사인을 하였는가?

1 **belong** [bilɔ́:ŋ, 비롱] 동 (〜에)속하다, 〜의 것이다

기억법 **비롱**〔비롱〕도 용에 **속한다**.

주 비롱(飛龍):나르는 용

2 **bee** [biː, 비] 명 꿀벌, 벌

기억법 **비**오는 중에도 **벌**은 날아다닌다.

숙 as busy as bee:대단히 바쁜

3 **beggar** [bégər, 베거] 명 거지

기억법 구걸하는 **거지**에게는 **배겨**〔베거〕낼 재간이 없다.

원 **beg** [beg, 벡] 동 구걸하다, 청하다

4 **battle** [bǽtl, 배틀] 명 전투, 싸움

기억법 아주머니가 **배틀**에서 **전투**처럼 베를 짠다.

파 **battleship** [배틀쉽] 명 전함

**battlefield** [배틀필드] 명 전장

5 **beach** [biːtʃ, 비취] 명 해안, 해변

기억법 탐조등이 **해안**을 멋지게 **비치**〔비취〕고 있다.

파 **beachwear** [비취웨어] 명 해변복

1. `belong`  This book **belongs** to me.
2. `bee`  He is busy as a **bee**.
3. `beggar`  He is as good as a **beggar**.
4. `battle`  All the people went into **battle**.
5. `beach`  We love the **beach**.

**Notes**

2. busy: 바쁜  busy as bee: 매우 바쁜    3.as good as: ～이나 마찬가지인    4.people: 사람   went: go(가다)의 과거

**해석**

1. 이 책은 나의 **것이다**.
2. 그는 매우 **바쁘다**.
3. 그는 **거지**나 마찬가지이다.
4. 모든 사람들이 **전투**에 참가하였다.
5. 우리는 그 **해변**을 좋아한다.

## 영단어 기억법 연습

—볼드체의 우리말을 영단어와 연상시킨다.

1. 무엇이 용에 **속하는**가?
2. 날씨가 어떻게 생겼어도 **벌**은 날아다니는가?
3. 구걸하는 **거지**에게는 어떻게 할 재간이 없는가?
4. 아주머니가 **전투**처럼 베 짜는 곳은 어디인가?
5. 탐조 등이 **해안**을 멋지게 무엇하고 있는가?

# 기초단어 기억법(5)

**1** **bury** [béri, 베리] 동 묻다, 매장하다

> 기억법 **베리**[베리]에 어긋난 사람은 땅에 **묻어야** 한다.
>
> 주 배리(背理):도리에 어긋남

**2** **big** [big, 빅] 형 큰, 거대한

> 기억법 그 경기가 **비기**[빅]기만 해도 **거대한** 쇼이다.
>
> 파 **big deal** [diːl, 디일] 명 대단한 사건〔거래〕

**3** **billion** [bíljən, 빌리언] 명 10억

> 기억법 **빌려온**〔빌리언〕 **10억** 달러는 대단히 큰 돈이다.
>
> 파 **billionaire** [biljənέər, 빌리언네어] 명 억 만장자

**4** **bill** [bil, 빌] 명 계산서, 증서, 지폐

> 기억법 **빌린 지폐**를 **계산서**로 써주었다.
>
> 파 **the Bill of Rights** [raits, 라이츠] 권리장전

**5** **better** [bétər, 베터] 형 더 좋은

> 기억법 **배 터**[베터]지게 먹으면 **더 좋은** 것은 아니다.
>
> 파 **beterment** [bétərmənt, 베터먼트] 명 개선, 개량

1. **bury** He was **burried** in his hometown.
2. **big** That box is very **big**.
3. **billion** He lent me one **billion** won.
4. **bill** He paid the **bill** for the meal.
5. **better** His English is much **better** than mine.

**Notes**

1.hometown: 고향  2.box: 상자  3.lent: lend(빌려주다)의 과거
4.paid: pay(지불하다)의 과거  meal: 식사  5.mine: 나의 것

**해석**

1. 그는 그의 고향에 **묻혔다**.
2. 저 상자는 매우 **크다**.
3. 그는 나에게 **10억** 원을 빌려주었다.
4. 그는 식사**대**를 지불하였다.
5. 그의 영어는 나보다도 훨씬 **낫다**.

 영단어 기억법 연습 —볼드체의 우리말을 영단어와 연상시킨다.

1. 땅에 **묻어**야 할 사람은 무엇에 어긋난 사람인가?
2. 그 경기가 **거대한** 쇼가 되려면 어떻게 되어야 하는가?
3. 대단히 큰 돈인 **10억** 달러는 어떻게 난 돈인가?
4. **계산서**를 써준 지폐는 어떻게 만든 돈인가?
5. **더 좋지**않게 너무 먹으면 배가 어떻게 되는가?

# 기초단어 기억법(6)

### 1 **bridge** [bridʒ, 브리지] 몡 다리, 교량

기억법 농부는 짐을 **다리** 위에 왜 **부리지**〔브리지〕!

파 **irion bridge** 철교

### 2 **but** [bʌt, 벗] 접 그러나, 단지

기억법 그와는 **단지 벗**일 뿐인데, **그러나** 매우 친하다.

숙 but for : ~가 아니라면

### 3 **bush** [buʃ, 부쉬] 몡 수풀, 관목

기억법 그는 **수풀**에다 **부싯**〔부쉬〕돌로 불을 붙였다.

파 **bushy** [buʃi, 부시] 형 수풀이 무성한

### 4 **bubble** [bʌbl, 버블] 몡 거품

기억법 요즈음 **법을**〔버블〕 마치 **거품**처럼 하찮게 여긴다.

파 **bubble gum** [gʌm, 검] 몡 풍선 껌

### 5 **burn** [bəːrn, 버언] 동 타다, 태우다

기억법 그는 애써서 **번**〔버언〕 돈을 헛되이 **태운다**.

파 **burning** [bə́ːrniŋ, 버닝] 형 불타는(듯한), 열렬한

1. **bridge**  There is a **bridge** over the river.
2. **but**  He is young **but** smart.
3. **bush**  These are tea **bushes**.
4. **bubble**  He made soap **bubbles**.
5. **burn**  Paper **burns** easily.

**Notes**

1.there is: ～이 있다    2.young: 어린  smart: 영리한
3.these: 이것들    4.made: make(만들다)의 과거  soap: 비누
5.easily: 쉽게

**해석**

1. 그 강 위에는 **다리** 하나가 있다.
2. 그는 어리**나** 영리하다.
3. 이것들은 차나무 **관목**이다.
4. 그는 비누 **거품**을 만들었다.
5. 종이는 쉽게 **탄다**.

## 영단어 기억법 연습

—볼드체의 우리말을 영단어와 연상시킨다.

1. 농부는 짐을 **다리** 위에 어떻게 하는가?
2. 그와는 단지 어떤 관계인데, **그러나** 매우 친한가?
3. 그는 **수풀**에 무엇으로 불을 붙였는가?
4. 무엇을 마치 **거품**처럼 하찮게 여기는가?
5. 그가 어떻게 한 돈을 헛되이 **태우는**가?

## 1  can [kæn, 캔] 통 ~할 수 있다

기억법 그녀는 방금 **캔** 감자를 잘 요리**할 수 있다**.

파 **ash** [애쉬] **can** : 쓰레기통

## 2  cell [sell, 셀] 명 세포

기억법 신체는 **셀** 수 없는 많은 **세포**로 이루어져 있다.

파 **cellular** [seljələr, 셀루어러] 명 세포로 된

## 3  charge [tʃɑ́ːrdʒ, 차쥐] 명 대가, 요금; 짐

기억법 그 물건은 **대가**를 치러야 **차지** [차쥐]하게 된다.

파 **chargeable** [tʃɑ́ːdʒəbl, 차저블] 형 부과되어야 할

## 4  charm [tʃɑ́ːrm, 차암] 명 매력  통 매혹하다

기억법 그녀는 **참** [차암]말로 **매력**이 있다.

파 **charming** [tʃɑ́ːrmiŋ, 차아밍] 형 매력적인

## 5  chat [tʃæt, 챗] 통 잡담하다, 이야기하다

기억법 여자들은 **챗국**을 만들며 **잡담한다**.

주 챗국 : 무·오이 등의 채로 만든 국

파 **chatting** [tʃǽtiŋ, 챗팅] 명 대화

1. **can**    He **can** speak English.
2. **cell**    The body has many **cells**.
3. **charge**    Hotel **charges** are very expensive.
4. **charm**    Gyeongju has great **charm** for visitors.
5. **chat**    We were **chatting** over tea.

**Notes**

1.speak: 말하다　2.body: 신체　many: 많은　3.expensive: 비싼
4.great: 큰　visitor: 방문객　5.over: ～하면서

**해석**

1. 그는 영어를 말 **할 수 있다**.
2. 신체는 많은 **세포**가 있다.
3. 호텔 **요금**은 매우 비싸다.
4. 경주는 방문객에게 대단한 **매력**이 있다.
5. 우리는 차를 마시면서 **이야기를 하였다**.

**영단어 기억법 연습**　—볼드체의 우리말을 영단어와 연상시킨다.

1. 그녀는 방금 (　) 감자를 잘 요리**할 수 있다**.
2. 신체는 얼마나 많은 **세포**로 이루어져 있는가?
3. 물건은 **대가**를 치르면 어떻게 할 수 있는가?
4. 그녀는 **매력**이 어느 정도 있는가?
5. 여자들은 무엇을 만들며 **잡담하는**가?

# 기초영단어 기억법(8)

**1  cheap** [tʃiːp, 칩-] 혱 (값이) 싼

> 기억법 노름판의 플라스틱 **칩**은 값이 **싸다**.
>
> 파 **cheapen** [tʃíːpən, 치펀] 동 싸게하다

**2  choise** [tʃɔis, 초이스] 명 선택, 골라잡기

> 기억법 여러가지 **초 있으**[초이스]니 잘 **선택**을 해주시오.
>
> 파 **choose** [tʃuːz 추-즈] 동 선택하다, 고르다

**3  cheer** [tʃiər, 치어] 동 환호하다, 갈채하다  명환호

> 기억법 어린이들이 어린 **치어**를 보더니 **환호하였다**.
>
> 주 치어(稚魚) : 어린 물고기
>
> 파 **cheerful** [tʃíərfəl, **치어펄**] 혱 유쾌한, 즐거운

**4  chew** [tʃuː, 추-] 동 (음식을) 씹다

> 기억법 그녀는 껌(gum)을 **추**하게 **씹는다**.
>
> 파 **chewing gum** [추잉검] 명 껌

**5  church** [tʃəːrtʃ, 처취] 명 교회

> 기억법 교리에 반하는 신도를 **교회**에서 호되게 **처치**[처취]
>
> 한다.
>
> 파 **churchly** [tʃə́ːrtʃli, **처취리**] 혱 교회의

1. `cheap` That TV is very **cheap**.
2. `choise` Be careful in the **choise** of books.
3. `cheer` A large crowd **cheered** him.
4. `chew` He always **chews** gum.
5. `church` How often do you go to **church**?

**Notes**

1.very: 매우  2.careful: 주의 깊은  3.large: 큰  crowd: 군중
4.always: 항상  gum: 껌  5.often[ɔ́ːfən,오펀]: 자주

**해석**

1. 저 TV는 매우 **싸다**.
2. 책의 **선택**은 신중히 해라.
3. 매우 많은 군중이 그를 **환호하였다**.
4. 그는 항상 껌을 **씹는다**.
5. 얼마나 자주 **교회**에 예배보러 갑니까?

## 영단어 기억법 연습

—볼드체의 우리말을 영단어와 연상시킨다.

1. 노름판에서 값이 **싼** 것은 무엇인가?
2. 잘 **선택**하는데 여러가지 무엇이 있는가?
3. 어린 무엇을 보고 어린이들이 **환호하였는가**?
4. 그녀는 껌을 어떻게 **씹는가**?
5. 교리에 반하는 신도를 **교회**에서 어떻게 하는가?

---

**1 come** [kʌm, 컴] 동 오다

> 기억법 누군가가 **컴컴**한 굴 속에서 **오고 있다.**
>
> 파 **comeback** [컴백] 명 되돌아감, 회복

---

**2 compute** [kəmpjúːt, 컴퓨-트] 동 계산하다

> 기억법 어려운 셈을 **컴퓨터**[컴퓨-트]로 **계산하였다.**
>
> 파 **computer** [kəmpjútər] 명 컴퓨터

---

**3 couple** [kʌ́pl, 커플] 명 부부, 한 쌍

> 기억법 쌍 **꺼플**[커플] 있는 두 남녀가 **부부**가 되었다.
>
> 파 **coupling** [kʌ́pliŋ, 커플링] 명 연결, 결합

---

**4 cry** [krai, 크라이] 동 울다, 소리치다

> 기억법 애들은 **울면서 크라이**!
>
> 파 **crybaby** [kráibeibí, 크라이베이비] 명 울보, 겁쟁이

---

**5 culture** [kʌ́ltʃər, 컬춰] 명 문화;교양

> 기억법 몽매한 민중에게 **문화**를 **갈쳐**[컬춰] 교양을 높여야 한다.
>
> 파 **cultured** [kʌ́ltʃərd] 형 교양있는

 **단어응용문형**

1. `come`   Spring has **come**.
2. `compute`   He **computes** the distance at 100 miles.
3. `couple`   The young **couple** are smiling happily.
4. `cry`   She always **cries** at sad movies.
5. `culture`   Our **culture** is different from Chinese culture.

> **Notes**
>
> 1.spring: 봄   2.disdance: 거리   3.young: 젊은  smile: 웃다
> 4.sad: 슬픈   movie: 영화   5.different: 다른  Chinese: 중국의

**해석**

1. 봄이 **왔다**.
2. 그는 그 거리를 100마일로 **측정하였다**.
3. 그 젊은 **부부**는 행복하게 웃고 있다.
4. 그녀는 슬픈 영화를 볼 때 항상 **운다**.
5. 우리 **문화**는 중국 문화와는 다르다.

**영단어 기억법 연습**   —볼드체의 우리말을 영단어와 연상시킨다.

1. 누군가가 어떤 굴 속에서 **오고** 있는가?
2. 어려운 셈을 무엇으로 **계산하는**가?
3. **부부**가 된 두 남녀는 무엇을 가지고 있는가?
4. 애들은 **울면서** 어떻게 하라고 하는가?
5. 몽매한 민중에게 **문화**를 어떻게 해야 하는가?

# 기초단어 기억법(10)

**1 delicious** [dilíʃəs, 디리셔스] 형 맛있는

> 기억법 **맛있는** 음식을 어른에게 **드리셨으**[디리셔스]니 기쁘다.
>
> 파 **deliciously** [dilíʃəsli, 디리셔스리] 부 맛있게

**2 desert** [dézəːrt, 데저-트] 명 사막

> 기억법 사막에서 낙타가 **뒈저**[데저](흙)**트**러져 있다.
>
> 주 뒈지다:「죽다」의 속어
>
> 파 desert island [아일런드] 명 무인도

**3 dollar** [dálər, 달러] 명 달러, 100센트

> 기억법 내가 돈이 없으니 100**달러**만 **달라**[달러]!
>
> 파 dallar gap [갭] 달러 부족

**4 dozen** [dʌ́zn, 더즌] 명 1다스, 12(개)

> 기억법 12개를 **더준**[더즌]다며 2**다스**를 주었다.
>
> 숙 dozens of : 수십의, 많은

**5 eager** [íːgər, 이거] 형 열망하는, 간절히 바라는

> 기억법 그렇게 **열망하는** 감이 무르 **익어**[이거] 아름답다.
>
> 파 **eagerness** [íːgərnis, 이거니스] 명 열심, 열망

1. **delicious** It was very **delicious**.
2. **desert** The Gobi **Desert** is in China.
3. **dollar** He bought it for ten **dollars**.
4. **dozen** I bought a half **dozen** eggs.
5. **eager** They are **eager** for peace.

> **Notes**
>
> 1.very: 매우  2.China: 중국  3.bought: buy(사다)의 과거
> 4. half: 반  5.peace: 평화

## 해석

1. 그것은 매우 **맛있었다**.
2. 고비 **사막**은 중국에 있다.
3. 그는 10**달러** 주고 그것을 샀다.
4. 나는 반 **다스**의 계란을 샀다.
5. 그들은 평화를 간절히 **바란**다.

## 영단어 기억법 연습

—볼드체의 우리말을 영단어와 연상시킨다.

1. **맛있는** 음식을 어른에게 어떻게 하면 기쁜가?
2. **사막**에서 낙타가 어떻게 되었는가?
3. 내가 돈이 없으니 100(  )만 **달라**!
4. 1**다스**에 또 1**다스**를 어떻게 주면 2다스가 되는가?
5. 그렇게 **열망하는** 감이 어떻게 되어 아름다운가?

**1 earn** [əːrn, 언] 통 (생활비를)벌다

> 기억법 **언제** 생활비를 **벌었**냐 하고 그는 돈을 쓴다.
>
> 파 **earning** [ə́ːrniŋ, 언닝] 명 벌이, 획득

**2 easily** [íːzili, 이지리] 부 쉽게, 용이하게

> 기억법 그 사건은 고통이 없어 **쉽게 잊으리** [이지리]!
>
> 원 < **easy** [íːzi, 이지] 형 쉬운, 편한
>
>     **ease** [íːz, 이즈] 명 안락, 편안

**3 edge** [edʒ, 에쥐] 명 (칼)날; 모서리

> 기억법 **칼날**만 봐도 **애**(가) **쥐** [에쥐]가 난다.
>
> 파 **edged** [edʒd, 에쥐드] 형 날이 있는, 날카로운

**4 emotion** [imóuʃən, 이모션] 명 감정, 감성

> 기억법 **이모**(는) **선** [이모션]을 보고서 **감정**을 억누르지 못했다.

**5 enable** [inéibl, 이네이블] 통 ~ 할 수 있게하다

> 기억법 비단(silk)으로 **이 네이블** [이네이블]을 만들 **수 있**
>
> **게 하였다.**
>
> 원 < **able** [éibl, 에이블] 형 할 수 있는

1. `earn` How much did **earn**?
2. `easily` He speaks English **easily**.
3. `edge` The knife has a sharp **edge**.
4. `emotion` He has no **emotions**.
5. `enable` His help **enabled** me to finish the work.

**Notes**

1.How much: 얼마나 많이  2.speak: 말하다  3.sharp: 날카로운
5.help: 도움  finish: 끝내다. work: 일

**해석**

1. 얼마나 많이 **벌었습니까**?
2. 그는 영어를 **쉽게** 말한다.
3. 그 칼은 **칼날이** 날카롭다.
4. 그는 **감정**이 없다.
5. 내가 그의 도움 때문에 그 일을 끝낼 **수 있었다**.

 **영단어 기억법 연습** —볼드체의 우리말을 영단어와 연상시킨다.

1. 그가 돈을 쓰는 **이유**는 무엇인가?
2. 그 사건은 고통이 없어 **쉽게** 어떻게 되는가?
3. **칼날**만 봐도 애가 어떻게 되는가?
4. 누가 무엇을 하고 **감정**을 억누르지 못하는가?
5. 비단으로 무엇을 만들 **수 있게** 하였는가?

1 **equal**[í:kwəl, 이퀄]형 평등한, 같은

> 기억법 그녀는 **이 꼴**[이퀄]로 나타내서 **평등하다**고 주장한다.
>
> 파 **equality**[ikwáliti, 이콰리티]명 평등, 같음

2 **error**[érər, 에러]명 실수, 오류

> 기억법 그는 어린 **애러**[에러]니하고 **실수**를 눈감아주었다.
>
> 숙 make an error：실수를 범하다

3 **even**[í:vən, 이번]부 ～조차도, ～라도

> 기억법 아내**조차도 이 번**[이번]에는 믿어주지 않는다.
>
> 숙 even if : 비록 ～일지라도

4 **evil**[í:vəl, 이-벌]명 악, 사악 형나쁜, 사악한

> 기억법 **이 벌**은 사악한 **악마**(devil)가 내린 벌이다.
>
> 파 **evildoer**[í:vəldúər, 이벌두어]명 악인

5 **fail**[feil, 페일]동 실패하다, 낙제하다

> 기억법 그 일은 **패**(한)**일**[페일]로 이미 **실패하였다**.
>
> 파 **failure**[féiljər, 페일류어]명 실패

1. **equal**  It's **equal** to ten dollars.
2. **error**  Correct **errors**, if any.
3. **even**  It is cold there **even** in summer.
4. **evil**  He returned good for **evil**.
5. **fail**  You will **fail** in the examination.

**Notes**

1.ten: 10    2.correct: 고치다  if any: 있다면    3.cold: 추운
4.return: 돌려주다    5.examination: 시험

**해석**

1. 그것은 10달러와 **같다**.
2. **틀린 것**이 있다면 고치시오.
3. 그곳에는 여름**이라도** 춥다.
4. 그는 **악**을 선으로 갚았다.
5. 너는 시험에 **떨어질 것이다**.

## 영단어 기억법 연습

—볼드체의 우리말을 영단어와 연상시킨다.

1. 그녀는 어떻게 나타나서 **평등하다**고 주장하는가?
2. 그가 **실수**를 눈감아 준 이유는 무엇인가?
3. 어느 때에 아내**조차도** 믿어주지 않은가?
4. 사악한 **악마**가 내린 벌은 이 벌인가 저 벌인가?
5. 일이 이미 **실패하였**을 때 무슨 일로 규정하는가?

**1  fan**[fǽn, 팬]몡 부채;애호가

> 기억법 **팬**들이 **부채**를 들고 열광하였다.
>
> 파 a baseball[베이스볼] fan : 야구팬

**2  fare**[fɛər, 페어]몡 요금

> 기억법 길이 **패어**[페어] 택시 **요금**을 더 많이 받아야 한다.
>
> 파 double[더블] fare : 왕복요금

**3  feature**[fíːtʃər, 피춰]몡 특징;용모

> 기억법 그들은 **피차**[피춰]간 **특징**이 없다.
>
> 파 **featureless**[fíːtʃərlis, 피춰리스]혱특색없는

**4  female**[fíːmeil, 피-메일]몡 여성

> 기억법 그는 애인을 **피**(해) **매일**[메일] 다른 **여성**을 만난다.
>
> 파 the female sex : 여성

**5  fire**[faiər, 파이어]몡 불

> 기억법 모닥 **불**에 땅이 **파이어** 웅덩이가 됐다.
>
> 파 **fireman**[fáiərmən, 파이어먼]몡소방관

1. **fan**    This is an electric **fan**.
2. **fare**    What is the **fare** to Seoul?
3. **feature**    It is a **feature** of English grammar.
4. **female**    She has a **female** charm.
5. **fire**    There is no smoke without **fire**.

**Notes**

1.electric: 전기의　3.English grammar: 영문법　4.charm: 매력
5.smoke: 연기　without: ～이 없는

해석

1. 이것은 전기 **선풍기**이다.
2. 서울까지의 **요금**은 얼마입니까?
3. 그것은 영문법의 **특징**이다.
4. 그녀는 **여성**의 매력이 있다.
5. **불**이 없으면 연기도 없다.

## 영단어 기억법 연습

—볼드체의 우리말을 영단어와 연상시킨다.

1. **부채**를 들고 누가 열광하는가?
2. 길이 어떻게 되어서 택시**요금**을 더 받아야 하는가?
3. 그들은 (　)간 **특징**이 없다.
4. 그가 다른 **여성**을 만날 때 애인을 어떻게 하여 얼마 간격으로 만나는가?
5. 웅덩이가 된 땅은 모닥**불**에 어떻게 되었는가?

**1 finish** [fíniʃ, 피니쉬] 통 끝내다, 마치다

> 기억법 그녀는 꽃이 **피니 쉽**[피니쉬]게 꽃꽂이를 **끝냈다**.
>
> 파 **finished** [피니쉬트] 형 끝낸, 끝마친

**2 flesh** [fleʃ, 프레쉬] 명 살, 육질

> 기억법 돼지가 **플에 쉬**[프레쉬]니 쉽게 **살이** 쪘다.
>
> 파 **fleshly** [fléʃli, 프레쉬리] 형 육체의

**3 follow** [fálou, 팔로우] 통 따라가다, 좇다

> 기억법 그는 소를 **팔러 우**[팔로우]시장에 **따라간다**.
>
> 파 **following** [fálouiŋ, 팔로우잉] 형 다음에, 그 뒤에 오는

**4 force** [fɔːrs, 포-스] 명 힘, 세력

> 기억법 **포수**[포-스]는 **힘**을 사용하여 노루를 잡았다.
>
> 파 **forcible** [fɔ́ːrsəbl, 포오서블] 형 강제적인, 힘있는

**5 fortune** [fɔ́ːrtʃən, 포-천] 명 재산, 운

> 기억법 경기도 **포천**[포-천]은 **재산**이 많은 도시이다.
>
> 파 **fortunate** [fɔ́ːrtʃənit, 포천닛] 형 행운의

1. finish  The bridge will be **finished** soon.
2. flesh  The **flesh** of sheep went bad.
3. follow  Monday **follows** Sunday.
4. force  We use the **force** of nature.
5. fortune  He is a man of **fortune**.

> **Notes**
>
> 1.bridge: 다리   soon: 곧    2.sheep: 양    bad: 상한   4.nature: 자연    5.a man of fortune: 재산가

**해석**

1. 그 다리는 곧 **완성될 것이다**.
2. 양의 **고기**는 상했다.
3. 일요일 **다음에** 월요일이 **온다**.
4. 우리는 자연의 **힘**을 이용한다.
5. 그는 **재산가**이다.

 **영단어 기억법 연습**  —볼드체의 우리말을 영단어와 연상시킨다.

1. 그녀가 꽃꽂이를 쉽게 **끝내는** 이유는 무엇인가?
2. 돼지가 어디에 쉬니 **살**이 쪘는가?
3. 그가 무엇하러 우시장에 **따라가는**가?
4. **힘**을 사용하여 노루를 잡은 이는 누구인가?
5. **재산**이 많은 도시는 경기도의 어디인가?

# 기초단어 기억법(15)

**1 forget**[fərgét, 퍼겟]동 잊다

> 기억법 그는 메모지 **포갯**[퍼겟]던 것을 **잊었다**.
>
> 파 **forgetful**[fərgétfəl, 퍼겟펄]형 잘 잊는

**2 forgive**[fərgív, 퍼기브]동 용서하다

> 기억법 성직자들은 밥을 **퍼 기부**[퍼기브]해 주며 사람들을
>
> **용서한다**.
>
> 파 **forgiveness**[fərgívnis, 퍼기브니스]명 용서

**3 found**[faund, 파운드]동 창설하다, 설립하다

> 기억법 그들은 언덕을 **파 운도**[파운드] 좋게 회사를 **창설하였다**.
>
> 파 **foundation**[faundéiʃən, 파운데이션]명 창설, 기반

**4 fountain**[fáuntin, 파운틴]명 분수, 샘

> 기억법 그들은 땅을 **파 운티**[파운틴]어 **분수**를 발견하였다.
>
> 파 fountain pen : 만년필

**5 fresh**[freʃ, 프레쉬]형 신선한, 새로운

> 기억법 목장의 **신선한 풀에 쉬**[프레쉬]는 소들이 한가롭다.
>
> 참고 *cf.* flesh:살
>
> 파 **freshman**[fréʃmən, 프레쉬먼] (대학)1년생

1. `forget` I never **forget** your kindness.
2. `forgive` Will you **forgive** me?
3. `found` They **founded** a new city.
4. `fountain` He discovered a **fountain**.
5. `fresh` These are **fresh** eggs.

**Notes**

1.never: 결코~않다  kindness: 친절     3.new: 새로운
4.discover:발견하다     5.these: 이것들  egg: 달걀

해석

1. 나는 너의 친절을 결코 **잊지** 않는다.

2. 나를 **용서해** 주겠습니까?

3. 그들은 신도시를 **건설하였다**.

4. 그는 **분수**를 발견하였다.

5. 이것들은 **신선한** 달걀이다.

## 영단어 기억법 연습

—볼드체의 우리말을 영단어와 연상시킨다.

1. 그가 메모지를 어떻게 한 것을 **잊었는**가?

2. 성직자들은 밥을 어떻게 하며 사람들을 **용서하는**가?

3. 그들은 언덕을 어떻게 하여 회사를 **창설하였**는가?

4. 그들은 땅을 어떻게 하여 **분수**를 발견하였는가?

5. 소들이 한가롭게 **신선한** 무엇에 쉬고 있는가?

# 기초단어 기억법(16)

**1 fund** [fʌnd, 펀드] 몡 자금, 기금

> 기억법 펀드는 벤처기업을 **펀드**[펀드]려 주는 **자금**이다.
>
> 파 public funds:공금

**2 furnish** [fə́ːrniʃ, 퍼니쉬] 통 비치하다, 갖추다

> 기억법 나는 **편히쉬**[퍼니쉬]려고 소파를 **비치하였다**.
>
> 파 **furnished** [fə́ːrniʃt, 퍼니쉬트] 혱 가구가 있는

**3 gain** [gein, 게인] 몡 이익

> 기억법 **개인**[게인]들은 **이익**을 얻기 위해 일한다.
>
> 파 **gainful** [géinfəl, 게인펄] 혱 이익이 있는, 유리한

**4 gather** [gǽðər, 개더] 통 모으다;따다

> 기억법 그녀는 바닷가에서 **게**(를) **더** [개더] **모아야** 한다.
>
> 파 **gathering** [gǽðəriŋ, 개더링] 몡 모임, 회합

**5 genuine** [dʒénjuin, 제뉴인] 혱 성실한;진짜의

> 기억법 **제 누이**[뉴인]는 진짜 **성실한** 소녀이다.
>
> 파 **genuinely** [dʒénjuinli, 제뉴인리] 뷔 성실히, 진짜로

1. fund   They collected a **fund** for the work.
2. furnish   I **furnished** the room with books.
3. gain   He will do anything for **gain**.
4. gather   He **gathered** his books together.
5. genuine   She is a **genuine** woman.

**Notes**

1.collect: 모으다  work: 사업   2.room: 방   3.anything: 무엇
4.together: 함께   5.woman: 여자

**해석**

1. 그들은 그 사업을 위해 **기금**을 모았다.
2. 나는 방에다 책을 **비치하였다**.
3. 그는 **이익**을 얻기위해 무엇이든 할 것이다.
4. 그는 책을 함께 **모았다**.
5. 그녀는 **성실한** 여자이다.

## 영단어 기억법 연습

—볼드체의 우리말을 영단어와 연상시킨다.

1. **자금**이 벤처기업을 어떻게 하여야 하는가?
2. 내가 소파를 **비치하였**던 이유는 무엇인가?
3. **이익**을 얻기 위해 누가 일하는가?
4. 그녀는 바닷가에 무엇을 더 **모아야** 하는가?
5. 진짜 **성실한** 소녀는 누구인가?

# 기초단어 기억법(17)

### 1 **go** [gou, 고우] 통 가다

기억법 그녀는 안녕을 **고**[고우]하고 **갔다**.

숙 be going to : ~하려고 한다.

### 2 **govern** [gʌ́vərn, 거번] 통 다스리다, 통치하다

기억법 왕은 **거번**부터 이 나라를 **다스린다**.

주 거번(去番) : 지난번

파 **government** [gʌ́vərnmənt, 거번먼트] 명 통치 ; 정부

### 3 **grammar** [grǽmər, 그래머] 명 문법

기억법 **문법**은 **글에 뭐**[그래머]가 있는 것을 말한다.

파 **grammarian** [græmɛ́əriən, 그래**메어리언**] 명 문법학자

### 4 **guard** [gɑːrd, 가ー드] 명 경호원, 수위 ; 경계

기억법 **경호원**이 그곳에 **가드**[가ー드]니 경계가 심해졌다.

파 **guardian** [gɑ́ːrdiən, 가ー디언] 명 감시인, 관리인

### 5 **group** [gruːp, 그룹] 명 집단, 떼

기억법 삼성**그룹**은 회사들이 **집단**을 이루고 있다.

파 **grouping** [grúːpiŋ, 그룹핑] 명 모으는 일, 배치

1. **go** You have to **go** now.
2. **govern** Spain once **governed** Mexico.
3. **grammar** English **grammar** is very difficult.
4. **guard** He is her **guard**.
5. **group** A **group** of children are playing outside.

**Notes**

1.have to: ~해야 한다  now: 지금  2.once: 한때  3.difficult: 어려운
4.her: 그녀의  5.children: 어린이들  outside: 밖에

**해석**

1. 너는 지금 **가야** 한다.

2. 스페인은 한때 멕시코를 **통치하였다**.

3. 영**문법**은 매우 어렵다.

4. 그는 그녀의 **경호원**이다.

5. 한 **무리**의 어린이들이 밖에서 놀고있다.

**영단어 기억법 연습**  ─볼드체의 우리말을 영단어와 연상시킨다.

1. 그녀는 어떻게 하고 **갔는가**?

2. 왕은 언제부터 이 나라를 **다스리고** 있는가?

3. **문법**은 무엇을 말하고 있는가?

4. **경호원**이 그곳에 (  )니 경계가 심해졌다.

5. **집단**을 이루고 있는 삼성을 무엇이라 하는가?

1 **habit** [hǽbit, 해빗] 몡 습관

> 기억법 그는 **해빛**[해빗]드는 곳에서 잠자는 **습관**이 있다.
>
> 파 **habitual** [həbítʃuəl, 허**비**추얼] 혱 습관적인

2 **happy** [hǽpi, 해피] 혱 행복한

> 기억법 **해**(를)**피**[해피]해 나가면 **행복한** 삶이 온다.
>
> 파 **happiness** [hǽpinis, 해피니스] 몡 행복

3 **hard** [hɑːrd, 하—드] 혱 어려운, 단단한   뷔 열심히

> 기억법 그가 **어려운** 일을 열심히 **하더**[하—드]니 성공하였다.
>
> 파 **harden** [hɑːrdn, 하—든] 동 굳히다, 단단하게 하다

4 **ugly** [ʌ́gli, 어그리] 혱 추한, 못생긴

> 기억법 그녀가 **어!그리**도 **추한**지 모르겠다.
>
> 파 **uglily** [ʌ́glili, 어그리리] 뷔 추하게

5 **hat** [hæt, 햇] 몡 모자

> 기억법 **햇**볕이 내려쬘 때는 반드시 **모자**를 써야한다.
>
> 파 **hatbrush** [hǽtbrʌʃ, 햇브러쉬] 몡 모자솔

1. `habit` **Habit** is a second nature.
2. `happy` I'm very **happy** now.
3. `hard` This is a **hard** problem.
4. `ugly` She has a **ugly** face.
5. `hat` Put on your **hat**.

**Notes**

1.second: 제2의  nature: 천성    2.now: 지금    4.face: 얼굴
5.put on: 쓰다, 입다

**해석**

1. **습관**의 제2의 천성이다.
2. 나는 지금 매우 **행복하다**
3. 이것은 **어려운** 문제이다.
4. 그녀는 **못생긴** 얼굴이다.
5. **모자**를 써라.

## 영단어 기억법 연습

—볼드체의 우리말을 영단어와 연상시킨다.

1. 그는 어떠한 곳에서 잠자는 **습관**이 있는가?
2. **행복한** 삶은 어떻게 하면 오는가?
3. 그가 **어려운** 일을 어떻게 하여 성공하였는가?
4. 그녀가 (   )도 **추한**지 모르겠다.
5. 반드시 **모자**를 써야 할 때는 언제인가?

# 기초단어 기억법(19)

**1  hear** [hiər, 히어] 图 듣다

> 기억법 소음을 많이 **들으면** 머리카락이 **희어**[히어]진다
> 파 **hearing** [híəriŋ, 히어링] 명 듣기, 청력

**2  heaven** [hévən, 헤번] 명 천국, 하늘

> 기억법 기도를 **해본**[헤번] 사람은 **천국**에 들어가기를 바란다.
> 파 **heavenly** [hévənli, 헤번리] 형 천국의, 하늘의

**3  hell** [hel, 헬] 명 지옥, 저승

> 기억법 얼굴이 **헬**[헬]쑥한 사람은 **지옥**이 무섭다.
> 숙 a hell of a : 지독한, 대단한

**4  hesitate** [hézəteit, 헤저테이트] 图 주저하다, 망설이다

> 기억법 누구나 **해저 데이트**[헤저테이트]를 **주저할** 것이다.
> 파 **hesitation** [hèzətéiʃən, 헤저테이션] 명 주저, 망설임

**5  honey** [hʌ́ni, 허니] 명 벌꿀

> 기억법 어떻게 너는 **벌꿀**처럼 달콤하게 말 **하니**[허니]?
> 파 **honeymoon** [hʌ́nimuːn, 허니문] 명 신혼여행, 밀월

1. **hear** — I can't **hear** you.
2. **heaven** — The country is **heaven** on earth.
3. **hell** — This is a **hell** on earth.
4. **hesitate** — He **hesitates** at nothing.
5. **honey** — This cake is sweet as **honey**.

---

**Notes**

2.country: 나라  earth: 지구   3.this: 이것  nothing: 아무것도 ～않다  5.cake: 과자  sweet: 달은

---

**해석**

1. 나는 당신의 말을 알아**들을** 수 없습니다.
2. 그 나라는 지상의 **천국**이다.
3. 이곳이 지상의 **지옥**이다.
4. 그는 아무것도 **주저하지** 않는다.
5. 이 과자는 **꿀**처럼 달다.

---

 **영단어 기억법 연습**  —볼드체의 우리말을 영단어와 연상시킨다.

1. 소음을 많이 **들으면** 머리카락이 어떻게 되는가?
2. **천국**에 들어가기를 바라는 사람은 무엇을 한 사람인가?
3. **지옥**이 무서운 사람은 얼굴이 어떻게 된 사람인가?
4. 누구든지 **주저할** 것은 바다밑의 무엇인가?
5. 어떻게 너는 **벌꿀**처럼 달콤하게 말( )?

# 🖋 기초단어 기억법(20)

**1 vain** [vein. 베인] 형 헛된, 쓸데없는

기억법 **베인** 손가락을 보니 **헛된** 일만 쓸데없이 하였다.

파 **vainly** [véinli. 베인리] 부 헛되이 쓸데없이

**2 horn** [hɔːrn. 혼] 명 뿔

기억법 황소가 **혼**나게 **뿔**로 받는다.

파 **horned** [hɔːrnd. 혼-드] 형 뿔있는

**3 how** [hau. 하우] 부 어떻게, 얼마나

기억법 그런 일을 **어떻게 하우**?

숙 how about…? ～하는 것이 어떤가?

**4 huge** [hjuːdʒ. 휴-지] 형 거대한

기억법 상인이 **거대한 휴지**[휴-지]뭉치를 꺼낸다.

파 **hugely** [hjúːdʒli. 휴-지리] 부 거대하게

**5 human** [hjúːmən. 휴-먼] 명 인간  형 인간적인

기억법 **인간**은 때로는 **휴면**[휴-먼] 상태에 있어봐야 한다.

파 **humanity** [hjuːmǽnəti. 휴매너티] 명 인간성, 인류

1. `vain` It is **vain** to try.
2. `horn` The **horn** is hard.
3. `how` **How** was she dressed?
4. `huge` An elephant is a **huge** animal.
5. `human` She is more **human**.

> **Notes**
>
> 1.try: 노력하다　2.hard: 단단한　3.dress: 옷을 입다
> 4.elephant: 코끼리　animal: 동물　5.more: 보다 더

1. 노력해 보아도 **헛된** 일이다.
2. **뿔**은 단단하다.
3. 그녀는 **어떻게** 복장을 하였는가?
4. 코끼리는 **거대한** 동물이다.
5. 그녀는 보다 **인간적**이다.


—볼드체의 우리말을 영단어와 연상시킨다.

1. 어떠한 무엇을 보니 **헛된** 일만 하였는가?
2. 황소가 어떻게 **뿔**로 받는가?
3. 그런 일은 **어떻게** (　)?
4. 상인은 **거대한** 무슨 뭉치를 꺼내는가?
5. **인간**은 때로는 어떤 상태에 있어봐야 하는가?

# 🪶 기초단어 기억법(21)

**1 hunger**[hʌ́ŋgəʳ, 헝거]圐 배고픔, 기아

> 기억법 거리에는 **배고픔**에 **항거**[헝거]하는 사람이 많이 있다.
>
> 파 **hungry**[hʌ́ŋgri, 헝그리]휑배고픈

**2 hut**[hʌt, 헛]圐 오두막(집)

> 기억법 그 **오두막집**은 **헛**간이나 마찬가지였다.
>
> 파 **hutment**[hʌ́tmənt, 헛먼트]圐임시사무소

**3 impossible**[impásəbl, 임파서블]휑 불가능한

> 기억법 미스 **임 포섭을**[임파서블]하기가 **불가능한** 일이다.
>
> 파 **impossibly**[impásəbli, 임**파**서블리]閉불가능하게

**4 issue**[íʃuː, 이슈]圐 문제점, 논쟁  동발행하다

> 기억법 그 책을 발행하는 것은 **문제점**이 크게 **있소**[이슈]!
>
> 파 **issuance**[íʃuːəns, 이슈-언스]圐발행

**5 item**[áitəm, 아이텀]圐 품목, 항목

> 기억법 이것은 **아이**(가) **탐**[아이텀]내는 **품목**이다.
>
> 파 **itemize**[áitəmaiz, 아이텀마이즈] 동 품목별로 쓰다

1. **hunger**    They died of **hunger**.
2. **hut**    She lived alone in the **hut**.
3. **impossible**    It is **impossible** for me to do it.
4. **issue**    They argued about the **issue**.
5. **item**    These are the **items** of business.

**Notes**

1.die: 죽다　2.live: 살다　alone: 혼로　4.argue: 토론하다
5.business: 영업

해석

1. 그들은 **굶주림**으로 죽었다.

2. 그는 그 **오두막집**에서 홀로 살았다.

3. 내가 그것을 하는 것이 **불가능하다**.

4. 그들은 그 **문제점**에 대해 토론하였다.

5. 이것들이 영업 **품목**이다.

## 영단어 기억법 연습

—볼드체의 우리말을 영단어와 연상시킨다.

1. **배고픔**이 많은 사람은 거리에서 어떻게 하는가?

2. 그 **오두막집**은 무엇이나 마찬가지인가?

3. 미스 누구를 무엇하는데 **불가능한** 일인가?

4. 그 책을 발행하는 것은 **문제점**이 어떠한가?

5. 이것은 아이가 어떻게 하는 **품목**인가?

**1 kick**[kik, 킥] 통 차다, 걷어차다

기억법 그는 **킥**하고 웃으며 소녀를 **찬다**.

파 **kickoff**[kíkɔf, 킥오프] 명 시작, 개시

**2 jail**[dʒeil, 제일] 명 교도소, 감옥

기억법 죄수가 **제일** 무서운 곳은 **감옥**이다.

파 **jailer**[dʒéilər, 제일러] 명 교도관, 간수

**3 kid**[kid, 키드] 명 아이

기억법 **아이**가 **키 드**니 모두가 놀린다.

주 키:곡식 따위를 까불러 고르는 기구

파 **kiddish**[kídiʃ, 키디쉬] 형 어린이다운

**4 kitchen**[kítʃin, 키친] 명 부엌, 주방

기억법 어머니가 **부엌**에서 **키**(로)**친** 것은 파리이다.

파 **kitchenmaid**[kítʃinmèid, 키친메이드] 명 가정부, 식모

**5 knowledge**[mɑ́:lidʒ, 나리지] 명 지식, 학식

기억법 그 기념일은 **지식**이 많은 사람만 아는 **날이지**[나리지]!

파 **knowledgeable**[nɑ́lidʒəbl, 나리저블] 형 지식이 있는

1. **kick**  The boy **kicked** a ball.
2. **jail**  He is in **jail**.
3. **kid**  There are many **kids** in the park.
4. **kitchen**  We had breakfast in the **kitchen**.
5. **knowledge**  **Knowledge** is power.

**Notes**

1.boy: 소년   3.There are: ～이 있다  many: 많은  park: 공원
4.breakfast: 아침식사   5.power: 힘, 권력

**해석**

1. 그 **소년**은 볼을 **찼다**.
2. 그는 **감옥**에 있다.
3. 공원에는 많은 **아이들**이 있다.
4. 우리는 **부엌**에서 아침을 먹었다.
5. **앎**은 힘이다.

**영단어 기억법 연습**  —볼드체의 우리말을 영단어와 연상시킨다.

1. 그가 어떻게 웃으며 소녀를 **찾는**가?
2. 죄수가 (  ) 무서운 곳은 **감옥**이다.
3. **아이**가 무엇을 드니 모두가 놀리는가?
4. 어머니는 **부엌**에서 파리를 무엇으로 치는가?
5. 그 기념일은 **지식**이 많은 사람만 아는 (  )?

**1 label**[léibəl, 레이벌]囤 꼬리표, 딱지, 라벨

> 기억법 **내 이불**〔레이벌〕에 **꼬리표**를 달아라.
>
> 숙 put labels on:∼에 라벨을 달다〔붙이다〕

**2 language**[lǽŋgwidʒ, 랭귀지]囤 언어, 말

> 기억법 사람이 죽을 때 유언의 **말**을 **남기지**〔랭귀지〕!
>
> 파 **language laboratory**〔랭귀지 래버러토리〕囤 어학실습실

**3 lately**[léitli, 레이트리]囲 최근, 요즈음

> 기억법 **요즈음**에는 **내(가)이틀이**〔래이트리〕너무 길게 느껴
>
> 진다.
>
> 원 < **late**[leit, 레이트]囹 늦은

**4 laundry**[lɔ́:ndri, 론드리]囤 세탁소, 세탁물

> 기억법 그것은 **세탁소**에서도 **넌더리**〔론드리〕나는 세탁물이다.
>
> 파 **launder**[lɔ́:ndər, 론더]囲 세탁하다

**5 law**[lɔ:, 로]囤 법률, 법

> 기억법 판사는 그를 **법**대로 처벌하였다.
>
> 파 **lawyer**[lɔ́:jər, 로여]囤 변호사

1.  **label**  Put a **label** on the parcel.
2.  **language**  He speaks three **languages**.
3.  **lately**  What book have you read **lately**?
4.  **laundry**  He does the **laundry** everyday.
5.  **law**  We have to keep the **law**.

**Notes**

1.put: 달다  parcel: 소포    2.speak: 말하다    3.what: 어떤
4.everyday: 매일    5.have to: ~해야 한다  keep: 지키다

해석

1. 그 소포에 **꼬리표**〔라벨〕를 달아라.

2. 그는 3개**국어**를 말한다.

3. **최근에** 어떤 책을 읽었습니까?

4. 그는 매일 **세탁**을 한다.

5. 우리는 **법**을 지켜야 한다.

## 영단어 기억법 연습

—볼드체의 우리말을 영단어와 연상시킨다.

1. 누구 이불에 **꼬리표**를 다는가?

2. 사람이 죽을 때는 유언의 **말**을 어떻게 하는가?

3. **요즈음** 내가 너무 길게 느껴지는 날은 며칠인가?

4. **세탁소**에서 세탁물은 어떻게 느껴지는가?

5. 판사는 그를 **법**대(  ) 처벌하였다.

## 🖊 기초단어 기억법(24)

---

**1** **lay** [lei, 레이] 통 눕히다, 누이다

> 기억법 그는 엑스**레이**를 찍기 위해 아이를 **눕힌다**.
>
> 숙 lay out : 배열하다, 배치하다

---

**2** **lazy** [léizi, 레이지] 형 게으른, 나태한

> 기억법 저기에 **게으른** 다방 **레지**[레이지]가 앉아 있다.
>
> 파 **lazily** [léizili, 레이지리] 부 게으르게

---

**3** **lead** [liːd, 리-드] 통 이끌다, 인도하다

> 기억법 그는 앞서서 구성원들을 **리드**하여 **이끈다**.
>
> 파 **leader** [líːdər, 리더] 명 지도자, 리더

---

**4** **leisure** [léːʒər, 레저] 명 여가, 틈

> 기억법 이 운동이 바로 틈틈히 **여가**를 즐기는 **레저** 스포츠다.
>
> 파 **leisurely** [léːʒəri, 레저리] 형 느긋한, 여유있는

---

**5** **length** [léŋθ, 렝스] 명 길이, 세로

> 기억법 이 **냉수**[렝스]통은 **길이**가 매우 길다.
>
> 파 **lengthy** [léŋθi, 렝시] 형 긴, 기다란

1.  lay  She **laid** the baby on the bed.
2.  lazy  He is a **lazy** man.
3.  lead  He **led** us in.
4.  leisure  I have no **leisure** to read.
5.  length  What is its **length**?

**Notes**

1.laid: lay의 과거   2.baby: 아기  bed: 침대   3.led: lead의 과거,
4.read: 읽다   5.its: 그것의

**해석**

1. 그녀는 아기를 침대에 **눕혔다**.
2. 그는 **게으른** 사람이다.
3. 그는 우리를 안으로 인도했다.
4. 나는 독서할 **여가**가 없다.
5. 그것의 **길이**는 얼마인가?

**영단어 기억법 연습**

—볼드체의 우리말을 영단어와 연상시킨다.

1. 그가 무엇하기 위해 아이를 **눕히**는가?
2. 저기에 **게으른** 다방의 누구가 앉아 있는가?
3. 그는 앞서서 구성원들을 어떻게 **이끄는**가?
4. 이 운동이 틈틈히 **여가**를 즐기는 어떤 스포츠인가?
5. **길이가** 매우 긴 티 통은 무슨 용도의 통인가?

# 기초단어 기억법(25)

**1 liberty** [líbərti, **리**버티] 몡 자유(freedom)

> 기억법 미스**리**(가) **버티**[리버티]기로 힘겹게 얻은 **자유**이다.
>
> 숙 at liberty: 자유로

**2 like** [laik, 라이크] 동 좋아하다

> 기억법 그는 **나이 크**[라이크]기가 비슷한 자를 **좋아한다**.
>
> 파 **liking** [láikiŋ, **라**이킹] 몡 좋아함(fondness)

**3 limit** [límit, **리**밋] 몡 제한, 한계 동제한하다

> 기억법 입장하는 범위는 **이 밑**[리밋]으로 **제한한다**
>
> 파 **limited** [límitid, **리**미티드] 혱 한정된, 유한의

**4 lock** [lɑk, 락] 몡 자물쇠 동잠그다

> 기억법 그녀는 **낙낙**[락]한 **자물쇠**로 문을 잠갔다.
>
> 파 **locker** [lɑ́kər, **락**커] 몡 (자물쇠가 달린)장

**5 lonely** [lóunli, 로운리] 혱 외로운, 고독한

> 기억법 그곳이 바로 강원도 영월의 **외로운 노운리**[로운리] 마
>
> 을이다.
>
> 파 **loneliness** [lóunlinis, **로**운리니스] 몡 외로움, 고독

1. `liberty` They long for **liberty**.
2. `like` I **like** you.
3. `limit` There is a **limit** to everything.
4. `lock` He forgot to **lock** the door.
5. `lonely` She is not **lonely**.

> **Notes**
>
> 1.long for: ~을 바라다    3.everything: 모든 것    4.forgot: forget(잊다)의 과거  forgot-forgotten

**해석**

1. 그들은 **자유**를 바란다.
2. 나는 너를 **좋아한다**.
3. 매사에 **한계가** 있다.
4. 그는 문 **잠그는** 것을 잊었다.
5. 그녀는 **외롭지** 않다.

## 영단어 기억법 연습

—볼드체의 우리말을 영단어와 연상시킨다.

1. 미스리는 어떻게 **자유**를 얻었는가?
2. 그는 무엇이 비슷한 자를 **좋아하는**가?
3. 입장하는 범위는 어떻게 **제한**하는가?
4. 문을 잠긴 **자물쇠**는 여유가 어떠한가?
5. 그곳이 **외로운** 강원도 영월의 어디인가?

# 기초단어 기억법(26)

**1 lose**[luːz, 루-즈]통 잃다, 상실하다

기억법 그녀는 **루주**를 바르다가 **루주**[루-즈]를 **잃었다**.

주 루주(rouge 프):입술 연지, 립스틱

파 **loser**[lúːzər, **루**-저] 명 패배자, 손실자

**2 luck**[lʌk, 럭]명 행운, 운

기억법 그에게 **넉넉**[럭]한 **행운**이 왔다.

파 **lucky**[lʌ́ki, **러**키] 형 행운의, 운좋은

**3 loose**[luːs, 루-스]형 헐거운, 느슨한

기억법 나사가 **헐거워서 누수**[루-스]가 있다.

주 누수(漏水):새어 나오는 물

파 **loosen**[lùːsən, **루**선] 통 느슨하게 하다, 풀다

**4 machine**[məʃíːn, 머**신**-]명 기계

기억법 로봇은 **멋있**[머신-]는 기계이다.

**5 mad**[mæd, 매드]형 미친, 열광적인

기억법 그가 **매 드**니 아이를 **미친**듯이 때린다.

파 **madness**[mǽdnis, **매**드니스]명 발광, 미침

1. lose  I have **lost** my key.
2. luck  I wish you **luck**.
3. loose  I like to wear **loose** clothes.
4. machine  This **machine** won't work for a time.
5. mad  She went **mad** suddenly.

**Notes**

1.lost: lose의 과거    2.wish: 바라다    3.wear: 입다  clothes: 옷
4.work: 작동하다  for a time:잠시    5.went: go(가다)의 과거
suddenly: 갑자기

**해석**

1. 나는 내 열쇠를 **잃어버렸다**.

2. 나는 너의 **행운**을 빈다.

3. 나는 **헐거운** 옷 입기를 좋아한다.

4. 이 **기계**는 잠시 작동하지 않는다.

5. 그녀는 갑자기 **미쳤다**.

영단어 기어법 연습   ─볼드체의 우리말을 영단어와 연상시킨다.

1. 그녀가 루주를 바르다가 무엇을 **잃어버렸**는가?

2. 그에게 어떠한 **행운**이 왔는가?

3. 나사가 **헐거우면** 무슨 일이 있는가?

4. 로봇은 어떠한 **기계**인가?

5. 그가 아이를 **미친**듯이 때릴 때 무엇을 드는가?

# 기초단어 기억법(27)

**1 magazine** [mǽgəzíːn, 매거**진**] 명 잡지

> 기억법 그 책은 비싼 값에 **매겨진**[매거진] **잡지**이다.
>
> 파 **magazinist** [mǽgəzíːnist, 매거**진**니스트] 명 잡지편집자

**2 magic** [mǽdʒik, **매직**] 명 마법, 마술

> 기억법 **매직**펜은 마치 **마법**처럼 잘 써진다.
>
> 파 **magician** [mədʒíʃən, 머**지**션] 명 마술사, 마법사

**3 maid** [meid, 메이드] 명 하녀, 가정부

> 기억법 마님이 **하녀**에게 **매이드**[메이드]니 음식이 형편없다.
>
> 파 **maiden** [méidn, **메**이든] 명 처녀, 소녀

**4 march** [máːrtʃ, **마**아치] 명 행진, 행진곡

> 기억법 그들은 행진곡을 부르면서 **행진**을 **마치**었다.
>
> 파 **marcher** [máːrtʃər, **마**춰] 명 행진자

**5 market** [máːrkit, **마**킷] 명 시장

> 기억법 슈퍼**마켓**[마킷] **시장**에다 물건을 내놓았다.
>
> 파 **marketing** [máːrkitiŋ, **마**킷팅] 명 판매, 유통

1. **magazine**   I read a monthly **magazine**.
2. **magic**   He used **magic**.
3. **maid**   She is an old **maid** now.
4. **march**   They **marched** along the street.
5. **market**   I went to **market** to buy some meat.

**Notes**

1.monthly: 매달의    2.use: 사용하다    3.old: 늙은
4.along: ～을 따라서   street: 거리    5.buy: 사다   meat: 고기

**해석**

1. 나는 월간 **잡지**를 읽는다.
2. 그는 **마법**을 사용하였다.
3. 그녀는 이제 늙은 **하녀**이다.
4. 그들은 거리를 따라 **행진**하였다.
5. 나는 약간의 고기를 사기위해 **시장**에 갔다.

## 영단어 기억법 연습

―볼드체의 우리말을 영단어와 연상시킨다.

1. 그 **잡지**는 값이 어떻게 정해졌는가?
2. **마법**처럼 잘 써진 펜은 무슨 펜인가?
3. 음식이 형편없으면 마님은 **하녀**에게 어떻게 되었는가?
4. 그들은 행진곡을 부르면서 **행진**을 어떻게 했는가?
5. 물건을 내놓은 **시장**은 어떠한 시장인가?

**1 mass** [mæs, 매스] 명 대중, 다량

기억법 돈으로 많은 **대중**을 **매수**[매스]할 수 없다.

파 mass media [미디어] 대중매체

**2 match** [mætʃ, 매치] 명 시합, 경기

기억법 그가 유도 **시합**을 할 때는 **메치**[매치]기를 잘한다.

주 메치다:어깨 너머로 휘둘러 땅에다 힘있게 내리치다.

**3 mean** [míːn, 민] 동 뜻하다, 의미하다

기억법 **민**(民)은 평범한 백성을 **의미한다**.

파 **meaning** [míːniŋ, 미닝] 명 의미, 뜻

**4 measure** [méʒər, 메저] 동 재다, 측정하다

기억법 그는 띠를 **맺어**[메저]놓고 높이를 **측정한다**.

파 **measurement** [méʒərmənt, **메저먼트**] 명 측정, 측량

**5 meat** [miːt, 미-트] 명 고기, 살코기

기억법 **살코기**를 얼음 **밑**[미트]에다 넣어둔다.

파 **meaty** [míːti, **미-티**] 형 고기의

1. **mass**    The **masses** are against the plan.
2. **match**    Who won the tennis **match**?
3. **mean**    What does this word **mean**?
4. **measure**    He **measured** the room.
5. **meat**    He gave a piece of **meat** to the tiger.

**Notes**

1.against: ～에 반대하여　　2.won: win(이기다)의 과거
3.word: 말　　5.a piece of: ～의 한 조각

**해석**

1. 일반 **대중**은 그 계획에 반대한다.
2. 누가 테니스**경기**에서 이겼는가?
3. 이 말은 무엇을 **의미하는가**?
4. 그는 그 방을 **측정하였다**.
5. 그는 **고기** 한 점을 호랑이에게 주었다.

## 영단어 기억법 연습

—볼드체의 우리말을 영단어와 연상시킨다.

1. 많은 **대중**을 돈으로 어떻게 할 수 없는가?
2. 그가 **시합**을 할 때는 무엇을 잘하는가?
3. 평범한 백성이란 무엇을 **의미**하는가?
4. 그는 띠를 어떻게 하여 높이를 **측정하는**가?
5. **살코기**는 얼음의 어디에다 놓아 두는가?

**1 medal**[médl, 메들] 몡 메달, 상패

기억법 그 선수는 **매달**[메들] **상패**를 획득한다.

파 **medalist**[médlist, 메들리스트] 몡 메달수령자


**2 medicine**[médisin, 메디신] 몡 약

기억법 어머니는 항상 **매 드신**[메디신] 후 아이에게 **약**을 먹인다.

파 **medicine chest**[췌스트] 몡 구급상자


**3 mend**[mend, 멘드] 동 수선하다, 고치다

기억법 옷을 허술하게 **만드**[멘드]니 자주 **수선한다**.

파 **mender**[méndər, 멘더] 몡 수선자


**4 mention**[ménʃən, 멘션] 동 언급하다, 말하다

기억법 그는 **맨션**[멘션]아파트의 편리한 생활을 **언급한다**.

파 **mansion**[ménʃən, 맨션] 몡 저택


**5 metal**[métl, 메틀] 몡 금속, 합금

기억법 주철로 된 **매(毎)틀**[메틀]에 **금속**을 입혔다.

파 **metalic**[mətǽlik, 머태릭] 형 금속의

1. `medal` She won a gold **medal**.
2. `medicine` This is a **medicine** for clods.
3. `mend` I had my shoes **mended**.
4. `mention` He **mentioned** the plan in his speech.
5. `metal` This is made of **metal**.

**Notes**

1.won: win(얻다)의 과거   2.colds: 감기   3.shoes: 구두   4.plan: 계획   5.be made of: ～으로 만들어지다  made: make(만들다)의 과거, 과거분사

**해석**

1. 그녀는 금**메달**을 땄다.
2. 이것은 감기**약**이다.
3. 나는 구두를 **수선하였다**.
4. 그는 연설 중에 그 계획을 **언급하였다**.
5. 이것은 **금속**으로 만들어져 있다.

## 영단어 기억법 연습

—볼드체의 우리말을 영단어와 연상시킨다.

1. 그 선수는 **상패**를 얼마 간격으로 획득하는가?
2. 어머니가 아이에게 **약** 먹일 때 어떻게 하신가?
3. 자주 **수선하게** 된 옷은 어떻게 만든 것인가?
4. 그의 편리한 생활을 어느 아파트에서 **언급하는**가?
5. **금속**을 주철로 된 어디에 입혔는가?

**1 million** [míljən, 밀리언] 명 100만

기억법 **밀리**(어) **온**[밀리언] **100만** 원을 다음 달에 지불해야 한다.

파 **millionaire** [miljənέər, 밀리언**네**어] 명 백만장자

**2 modern** [mɔ́dərn, 모던] 형 현대의

기억법 이것이 **현대의 모든**[모던] 패션쇼이다.

파 **modernize** [mɔ́dərnaiz, 모던나이즈] 동 현대화하다

**3 much** [mʌtʃ, 머치] 형 (양이) 많은

기억법 **많은** 쌀이 **마치**[머치] 산 더미 같이 쌓여있다.

숙 make much of : ~을 중시하다

**4 music** [mjü:zik, 뮤-직] 명 음악

기억법 **무직**[뮤-직]인 사람에게는 **음악**은 별로 매력이 없다.

파 **musician** [mju:zíʃən, 뮤-**지**션] 명 음악가

**5 narrow** [nǽrou, 내로우] 형 좁은, 편협한

기억법 이 개울은 **좁은 내로 우**[내로우]회하여 흐른다.

파 **narrowly** [nǽrouli, 내로우리] 부 좁게

1. million  There are **millions** of people in the park.
2. modern  We live in **modern** times.
3. much  You **spend** too much money.
4. music  They danced to the **music**.
5. narrow  The road was too **narrow**.

**Notes**

1.park:공원  2.times:시대  3.spend:쓰다  too:너무
4. dance:춤추다  5.road:길  too:너무

1. 공원에는 **수백만**의 사람들이 있다.

2. 우리는 **현대**에 살고 있다.

3. 너는 너무 **많은** 돈을 쓴다.

4. 그들은 **음악**에 맞춰 춤을 춘다.

5. 그 길은 폭이 너무 **좁다**.


—볼드체의 우리말을 영단어와 연상시킨다.

1. 다음달에 지불해야 할 100만 원이 어떻게 되었는가?

2. 이것이 **현대의** (  ) 패션쇼이다.

3. **많은** 쌀이 (  ) 산더미같이 쌓여있다.

4. **음악**이 별로 매력이 없는 사람은 어떤 사람인가?

5. 이 개울은 **좁은** 내로 어떻게 흐르는가?

1 **nature** [néitʃər, 네이쳐] 명 자연; 본성, 성질

> 기억법 **내 이쳐**[네이쳐]가 **자연** 그대로의 성질을 가졌으면 좋겠다.
>
> 파 **natural** [nǽtʃərəl, 내쳐럴] 형 자연의, 타고난

2 **near** [niər, 니어] 형 가까운 전 가까이

> 기억법 그는 **가까운** 곳에 **이어**[니어]서 집을 지었다.
>
> 파 **nearly** [níəri, 니어리] 부 가까스로, 거의

3 **necessary** [nésisəri, 네시서리] 형 필요한

> 기억법 **내시(인) 서리**[네시서리]는 궁궐에 꼭 **필요한** 사람이다.
>
> 파 **necessity** [nisésəti, 니세서티] 명 필요, 필요성

4 **neighbo(u)r** [néibər, 네이버] 명 이웃, 아웃사람

> 기억법 **이웃사람**이 몰래 옷을 **내입어**[네이버]서는 안 된다.
>
> 파 **neighbo(u)rhood** [néibərhúd, 네이버후드] 형 이웃

5 **nervous** [nɔ́ːrvəs, 너-버스] 형 신경질적인, 신경(과민)의

> 기억법 **신경과민인 너(가)버스**[너-버스]에 타면 안 된다.
>
> 원 < **nerve** [nɔ́ːrv, 너-브] 명 신경

1. `nature` We must preserve **nature**.
2. `near` He sat **near** the desk.
3. `necessary` Exercise is **necessary** to health.
4. `neighbo(u)r` He is my next-door **neighbour**.
5. `nervous` She became **nervous** under stress.

**Notes**

1.preserve: 보존하다   2.sat: sit(앉다)의 과거   3.exercise: 운동 health:건강   4.next-door: 이웃(민)의   5.became: become(되다)의 과거

**해석**

1. 우리는 **자연**을 보존해야 한다.
2. 그는 책상 **가까이** 앉았다.
3. 운동은 건강에 **필요하다**.
4. 그는 나의 바로 **이웃이다**.
5. 그녀는 스트레스로 **신경과민**이 되었다.

## 영단어 기억법 연습

—볼드체의 우리말을 영단어와 연상시킨다.

1. **자연** 그대로의 성질을 가졌으면 좋겠다는 사람은 누구인가?
2. 그는 **가까운** 곳에 어떻게 집을 지었는가?
3. 궁궐에 꼭 **필요한** 사람은 누구인가?
4. **이웃사람이** 몰래 옷을 어떻게 하면 안 되는가?
5. **신경과민**인 너가 어디에 타면 안 되는가?

# 기초단어 기억법(32)

**1 never** [névər, 네버] 뮈 결코~않다〔없다〕

기억법 쓰레기를 무단으로 **내버**〔네버〕리는 **결코 없다**.

파 **never-ending** [névərendiŋ, 네버엔딩] 혤 끝없는, 영원한

**2 noisy** [nóizi, 노이지] 혱 떠들석한, 씨끄러운

기억법 **시끄러운** 군중들이 조용하니까 이젠 마음이 **놓이지**〔노이지〕!

원 < **noise** [nɔːz, 노이즈] 몡 소음

**3 nonsense** [nánsens, 난센스] 몡 무의미, 허튼 말

기억법 **난 센스**가 있어 **허튼말**을 안한다.

파 **nonsensical** [nansénsikəl, 난센시컬] 혱 무의미한

**4 novel** [návəl, 나벌] 몡 소설

기억법 그는 **나불**〔나벌〕거리는 그런 **소설**은 안 쓴다.

파 **novelist** [návəlist, 나벌리스트] 몡 소설가

**5 now** [nau, 나우] 뮈 지금

기억법 가정 형편은 **지금**이 좀 **나우**?

숙 just now : 바로 지금

1. **never**   He is **never** at home.
2. **noisy**   Don't be **noisy**.
3. **nonsense**   Your words are **nonsense**.
4. **novel**   This book is a historical **novel**.
5. **now**   I'm busy **now**.

**Notes**

1.at home: 집에　3.words: 말　4.historical: 역사의
5.busy: 바쁜

**해석**

1. 그는 집에 **결코 없다**.
2. **떠들지** 마라.
3. 너의 말은 **허튼소리**이다.
4. 이 책은 역사 **소설**이다.
5. 나는 **지금** 바쁘다.

## 영단어 기억법 연습

—볼드체의 우리말을 영단어와 연상시킨다.

1. **결코 없는** 일은 쓰레기를 어떻게 하는 일인가?
2. **시끄러운** 군중들이 조용히 하면 마음은 어떻게 되는가?
3. **허튼말**을 안한다면 무엇이 나에게 있는가?
4. 그는 어떠한 **소설**을 안 쓰는가?
5. 가정 형편은 **지금**이 좀 어떠한가?

**1 nut** [nʌt, 넛] 명 견과

기억법 **견과**를 **낫**[넛]으로 베어 땄다.

파 **nutcracker** [nʌ́krækər, 넛크래커] 명 호두까는 기구

**2 occur** [əkə́:r, 어커] 동 일어나다, 생기다

기억법 애가 **어!커**[어커] 갈수록 문제가 계속 **일어난다**.

파 **occurrence** [əkə́:rəns, 어커런스] 명 사건, 일어남

**3 object** [ábdʒikt, 아브직트] 명 사물, 목적 동 반대하다

기억법 **아버지(가)틀**[아브직트]어 반대하면 모든 **사물**은 얻

지 못한다.

파 **objection** [əbdʒékʃən, 어브젝션] 명 반대

**4 obvious** [ábviəs, 압비어스] 형 명백한, 명확한

기억법 **앞(이)비어스**[압비어스]의 **명백한** 불참석이다.

파 **obviously** [ábviəsli, 압비어스리] 부 명백하게

**5 offer** [áfər, 아퍼] 동 제공하다 명 제안, 제공

기억법 의사는 **아퍼**하는 자에게 약을 **제공한다**.

파 **offering** [áfəriŋ, 아퍼링] 명 제공, 공물

1.  nut  A **nut** has a hard shell.
2.  occur  Accidents often **occur**.
3.  object  What is the **object** on the table?
4.  obvious  It is **obvious** that he loves her.
5.  offer  He **offered** his help to me.

**Notes**

1.hard: 단단한  shell: 껍질     2.accident: 사고  often: 자주
3.what: 무엇      5.help: 도움

1. **견과**는 딱딱한 껍질을 가지고 있다.
2. 사고들은 자주 **일어난다**.
3. 테이블 위의 **사물**은 무엇이나?
4. 그가 그녀를 사랑하는 것은 **명백하다**
5. 그는 나에게 도움을 **제공하였다**.

## 영단어 기어법 연습

—볼드체의 우리말을 영단어와 연상시킨다.

1. **견과**를 무엇으로 베어 땄는가?
2. 애가 어떻게 될수록 문제가 계속 **일어나는**가?
3. 누가 반대하면 **사물**을 얻지 못하는가?
4. **명백한** 불참석은 앞이 어떻게 되는 경우인가?
5. 의사는 어떠한 자에게 약을 **제공하는**가?

# 기초단어 기억법(34)

**1** **once** [wʌns, 원스] 團 한 번, 일찍이

기억법 일생에 **한 번 원수**[원스]를 용서해도 된다.

图 once again:한 번 더

**2** **one** [wʌn,원] 圀 하나(의)  때사람

기억법 간절히 **원**하면 **하나의** 소원은 이루어진다.

图 one by one:하나씩

**3** **opposite** [ápəzit,아퍼짓] 圀 반대의  圀반대;상대

기억법 그는 **반대**편 상대를 **아프**(게)**짓**[아퍼짓]누른다.

파 **opposition** [àpəzíʃən,아퍼지션] 圀 반대, 대립

**4** **ought** [ɔːt,오-트] 圄 ～해야 한다

기억법 혈압이 높은 사람은 **오트** 밀을 먹**어야 한다**.

**5** **own** [oun,오운] 圀 자신의  圄소유하다

기억법 그녀는 **자신**의 **오운**거를 소유하고 싶다.

图 우운거(五雲車):신선이 타는 수레

파 **owner** [óunər,오운너] 圀소유자

1. **once** I have been to Paris **once**.
2. **one** I have **one** girl.
3. **opposite** His opinion is **opposite** to mine.
4. **ought** You **ought** to start now.
5. **own** I saw it with my **own** eyes.

**Notes**

1.have been to: ~에 갔다왔다  3.opinion: 의견
4.start: 출발하다  5.saw: see(보다)의 과거(-saw-seen)

1. 나는 파리에 **한 번** 갔다왔다.
2. 나는 딸이 **하나** 있다.
3. 그의 의견은 나의 의견과는 **반대**다.
4. 너는 지금 출발**해야 한다**.
5. 나는 내 **자신의** 눈으로 그것을 봤다.



―볼드체의 우리말을 영단어와 연상시킨다.

1. 일생에 **한 번** 누구를 용서해도 되는가?
2. **하나의** 소원은 어떻게 하면 이루어지는가?
3. 그가 **반대**편 상대를 어떻게 하는가?
4. 혈압이 높은 사람은 무엇을 먹**어야 하는**가?
5. 그녀는 **자신**의 무엇을 소유하고 싶은가?

# 기초단어 기억법(35)

## 1 pack [pæk, 팩] 명 꾸러미, 보따리

기억법 그는 **보따리**를 싸다가 **팩** 쓰러졌다.

파 **package** [pǽkidʒ, 팩키지] 명 포장, 꾸러미

## 2 pain [pein, 페인] 명 아픔, 고통

기억법 **패인**[페인]을 찾아내어 **아픔**을 치유해야 한다.

주 패인(敗因):실패한 원인

파 **painful** [péinfəl, 페인펄] 형 아픈, 괴로운

## 3 pair [pɛər, 페어] 명 한쌍, 한켤레

기억법 **한 켤레**의 신발로 밟았더니 땅이 **패어**[페어]버린다.

숙 a pair of shoes:구두 한 켤레

## 4 parcel [pɑ́ːrsl, 파슬] 명 소포, 꾸러미

기억법 이것은 **파슬**리를 싼 **소포** 꾸러미이다.

파 **parcel post** [포우스트] 소포 우편

## 5 pardon [pɑ́ːrdn, 파든] 동 용서하다 명 용서

기억법 논을 **파든**[파든] 밭을 **파든** 그를 **용서해야** 한다.

파 **pardoner** [pɑ́ːrdnər, 파든너] 명 용서자

1. **pack** A **pack** reached me today.
2. **pain** She was in **pain**.
3. **pair** I have a **pair** of gloves.
4. **parcel** I sent off a **parcel** to him.
5. **pardon** He asked my **pardon** to me.

**Notes**

1.reach: 도달하다  3.gloves: 장갑
4.send off: ～을 보내다(-sent-sent)  5.ask: 요구하다

해석

1. **보따리** 하나가 오늘 나에게 도달하였다.
2. 그녀는 **고통** 속에 있다.
3. 나는 **한 켤레**의 장갑이 있다.
4. 나는 그에게 **소포** 하나를 보냈다.
5. 그는 나에게 **용서**를 빌었다.

## 영단어 기억법 연습

—볼드체의 우리말을 영단어와 연상시킨다.

1. 그가 **보따리**를 싸다가 어떻게 쓰러졌는가?
2. **아픔**을 치유하기 위해서는 무엇을 찾아내야 하는가?
3. **한 켤레**의 신발로 밟은 땅은 어떻게 되었는가?
4. 그 **소포**꾸러미는 무엇을 싼 것인가?
5. 논을 (　) 밭을 (　) 그를 **용서해야** 한다.

# 기초단어 기억법(36)

**1  past** [pæst,패스트] 몡과거  혱지나간

> 기억법 창궐하던 **페스트**〔패스트〕는 **지나간 과거**가 됐다.
>
> 주 *cf.* 패스트(pest):흑사병

**2  path** [pæθ,패스] 몡 작은 길, 보도

> 기억법 그가 고시에 **패스**하여 **보도**를 뽐내고 걷는다.
>
> 주 **pass** [pæs, 패스] 동 합격하다

**3  pause** [pɔːz,포-즈] 몡 휴지, 중지  동 중지하다

> 기억법 그가 손을 올려 **포즈**를 취하고 하던 일을 **중지하였다**.
>
> 주 *cf.* 포즈(pose):자세, 태도

**4  permit** [pəːrmít,퍼밋] 동 허락하다

> 기억법 물을 **퍼 밑**〔퍼밋〕으로 쏟는 것을 **허락했다**.
>
> 파 **permitter** [pəːrmitər,퍼밋터] 몡 허가자

**5  pet** [pet,펫] 몡 애완동물

> 기억법 그가 기르는 **애완동물**이 **펫**〔펫〕병에 걸려 죽었다.
>
> 숙 make a pet of :~을 귀여워하다

1. `past` What is **past** is **past**.
2. `path` There is a **path** in the woods.
3. `pause` After a **pause**, the play continued.
4. `permit` I can't **permit** her to smoke.
5. `pet` He keeps a dog as a **pet**.

**Notes**

1.what: ～것　2.woods: 숲　3.play: 연극　continue: 계속하다
4.smoke: 담배피우다　5.keep: 기르다

**해석**

1. **지나간** 것은 **과거**이다.
2. 숲속에는 **작은 길**이 하나 있다.
3. **휴지** 후에 연극은 계속되었다.
4. 나는 그녀가 흡연하는 것은 **허락할** 수 없다.
5. 그는 **애완동물**로 개를 기른다.

## 영단어 기억법 연습

—볼드체의 우리말을 영단어와 연상시킨다.

1. **지나간 과거**가 된 것은 무엇인가?
2. 그가 **보도**를 뽐내고 걷는 것은 무엇 때문인가?
3. 그가 하던 일을 **중지**한 것은 무엇을 하기 위한 것인가?
4. 물을 어떻게 어디로 쏟는 것을 **허락했는**가?
5. 그의 **애완동물**은 무엇 때문에 죽었는가?

**1 physical**[fízikəl,피지컬] 혱 육체의, 신체의

기억법 **피지**(를)**칼**[피지컬]로 벗기는 것은 **신체의** 손상을 가져온다.

파 **physically**[fízikəli,피지컬리] 분 육체적으로

**2 pile**[pail,파일] 몡 더미, 쌓아올린 것

기억법 절에서 초 **파일**에는 장작**더미**를 쌓아올린다.

숙 a pile of hay:건초 더미

주 초파일:초팔일(初八日)

**3 pillow**[pílou,필로우] 몡 베개 동 베개를 베다

기억법 그가 **필로**[필로우] 많은 **베개**를 기술하였다.

파 **pillowy**[píloui,필로우이] 혱 베개같은, 폭신폭신한

**4 pine**[pain,파인] 몡 소나무, 솔

기억법 그는 **파인** 곳에다 **소나무**를 심었다.

파 **pine cone**[koun, 코운] 몡 솔방울

**5 place**[pleis, 플레이스] 몡 장소, 곳

기억법 동전이 **플에 있으**[플레이스]니 그 **장소**를 수색해야 한다.

1. physical   I'm in good **physical** condition.
2. pile   There are a **pile** of books on the desk.
3. pillow   I can't sleep without a **pillow**.
4. pine   This is an old **pine**.
5. place   This is a good **place** for the health.

**Notes**

1.condition: 상태     3.without: ~이 없이     4.old: 늙은
5.health: 건강



1. 나는 **신체의** 상태가 좋다.

2. 책상 위에는 많은 책이 **쌓여**있다.

3. 나는 **베개** 없이는 잘 수가 없다.

4. 이것은 늙은 **소나무**이다.

5. 이곳은 건강에 좋은 **장소**이다.


—볼드체의 우리말을 영단어와 연상시킨다.

1. **신체의** 손상을 가져온 것은 칼로 무엇을 벗겨냈는가?

2. 언제 절이 장작 **더미**를 쌓아올리는가?

3. 그는 많은 **베개**를 무엇으로 기술하였는가?

4. 그는 **소나무**를 어디에다 심었는가?

5. 수색해야 할 그 **장소**는 동전이 어디에 있는 곳인가?

# 기초단어 기억법(38)

**1 pot** [pɑt, 팟] 명 단지, 항아리

기억법 **팥**〔팟〕을 **단지**에 넣어 두었다.

숙 go to pot : 파멸하다


**2 pour** [pɔːr, 포-] 동 쏟다, 붓다

기억법 **포**를 마치 소나기처럼 퍼 **부었다**.

숙 pour over : 넘치다, 범람하다


**3 pull** [ful, 풀] 동 당기다, 끌어당기다

기억법 그는 땅에서 **풀**을 뽑으려고 잡아 **당겼다**.

숙 pull down : 허물어뜨리다, 넘어뜨리다


**4 rock** [rɑk, 락] 명 바위 동 흔들다

기억법 그는 **낙**〔락〕으로 **바위**를 두들겼다.

파 **rocky** [rɑ́ki, 라키] 형 암석이 많은, 바위같은


**5 run** [rʌn, 런] 동 달리다, 뛰다

기억법 그는 홈**런**을 치고 신나게 **달렸다**.

파 **runner** [rʌ́nər, 런너] 명 경주자, 달리는 사람

 단어응용문형

1. pot A little **pot** is soon hot.
2. pour He **poured** some wine into his glass.
3. pull Can you **pull** the rope?
4. rock A **rock** fell on the road.
5. run She **ran** (for) two miles.

> **Notes**
>
> 1.little: 작은  soon: 곧, 바로  2.wine: 포도주  glass: 유리잔
> 3.rope: 밧줄  4.fell: fall(떨어지다)의 과거 fall-fell-fallen

해석

1. 작은 **단지**가 빨리 데워진다—소인은 곧잘 화를 낸다.
2. 그는 자기 잔에다 약간의 포도주를 **부었다**.
3. 너는 그 밧줄을 **끌어당길** 수 있느냐?
4. **바위** 하나가 도로에 떨어졌다.
5. 그녀는 2마일을 **달렸다**.

영단어 기억법 연습
—볼드체의 우리말을 영단어와 연상시킨다.

1. **단지**에다 무엇을 넣어두었는가?
2. 소나기처럼 퍼 **부은** 것은 무엇인가?
3. 그가 뽑으려고 땅에서 **잡아당긴** 것은 무엇인가?
4. 그는 무엇때문에 **바위**를 두들겼는가?
5. 그는 무엇을 치고 신나게 **달렸는**가?

## 1 sail [seil, 세일] 몡 돛, 돛단배

> 기억법 **셀** 〔세일〕수 없는 많은 **돛단배**가 항해하고 있다.

파 sailor [séilər, 세일러] 몡 선원, 뱃사람

## 2 scene [siːn, 씬] 몡 장면, 광경, 현장

> 기억법 **신**〔씬〕나는 **장면**이 사건 **현장**에 있었다.

파 scenery [síːnəri, 씬너리] 몡 풍경, 경치

## 3 sea [siː, 씨] 몡 바다, 해양

> 기억법 **바다**를 멀리 바라보면 **시**〔씨〕가 절로 떠오른다.

파 seashore [síːʃɔːr, 시-쇼] 몡 해변, 해안

## 4 senior [síːnjər, 시-녀] 몡 연장자, 손윗사람 혱손위의

> 기억법 그녀의 **시녀**〔시-녀〕는 자기보다 **연장자**이다.

파 seniority [siːnjɔ́ːriti, 시녀리티] 몡 연상임

## 5 sell [sel, 셀] 통 팔다, 매도하다

> 기억법 그는 **셀** 수 없는 많은 물건을 내다 **팔았다**.

파 seller [sélər, 셀러] 몡 판매인

1. `sail`　There was not a **sail** in sight.
2. `scene`　I missed the first **scene** of the movie.
3. `sea`　We swam in the **sea**.
4. `senior`　He is my **senior** by two years.
5. `sell`　This is a house to **sell**.

> **Notes**
>
> 1.in sight: 보여, 보이는 거리에　2.movie: 영화
> 3.swam: swim(수영하다)의 과거　swim-swam-swum

**해석**

1. **돛단배** 하나도 보이지 않았다.
2. 나는 그 영화의 첫 **장면**을 놓쳤다.
3. 우리는 **바다**에서 수영하였다.
4. 그는 나보다 2살 **연장자**이다.
5. 이것은 **팔** 집이다.

 **영단어 기억법 연습**　—볼드체의 우리말을 영단어와 연상시킨다.

1. 얼마나 많은 **돛단배**가 항해하고 있는가?
2. 사건 현장의 **장면**이 어떠했는가?
3. **바다**를 바라보면 무엇이 절로 떠오르는가?
4. 자기보다 **연장자**는 그녀의 어떤 사람인가?
5. 얼마나 많은 물건을 그가 내다 **팔았는**가?

**1  wing** [wiŋ, 윙] 몡 날개

> 기억법 벌이 **윙윙**거리며 **날개**를 펄럭인다.
> 파 **winged** [wiŋd, 윙드] 혱 날개가 있는

**2  share** [ʃεər, 쉐어] 몡 몫, 할당  통 분배하다

> 기억법 그는 할당된 **몫**을 **세어** [쉐어] 분배하였다.
> 파 **sharer** [ʃεərər, 쉐어러] 몡 (배당을) 받은자, 공유자

**3  ship** [ʃip, 쉽] 몡 배  통 수송하다

> 기억법 많은 화물을 **배**로 **쉽**게 **운반**한다.
> 파 **shipping** [ʃípiŋ, 쉽핑] 몡 해운업

**4  shy** [ʃai, 사이] 혱 수줍어하는, 소심한

> 기억법 그녀는 데이트하는 **사이**에도 **수줍어**한다.
> 파 **shyly** [ʃáili, 사이리] 뷔 수줍어하게도

**5  tool** [tu:l, 툴-] 몡 도구, 연장

> 기억법 목수가 **연장**이 나쁘다고 **툴툴**거린다.
> 파 **toolbox** [tú:lbɑks, 툴박스] 몡 연장통

 **단어응용문형**

1. **wing**    The **wings** of a bee move so fast.
2. **share**    I didn't get my fair **share**.
3. **ship**    He took a **ship** in Busan.
4. **shy**    She is **shy** with men.
5. **tool**    This is a machine **tool**.

**Notes**

1.move: 움직이다  fast: 빨리　2.get: 받다  fair: 공정한
3.take: 타다(-took-taken)　5.machine: 기계

**해석**

1. 벌의 **날개**는 매우 빨리 움직인다.
2. 나는 공정한 **몫**을 받지 않았다.
3. 그는 부산에서 **배**를 탔다.
4. 그녀가 남자들에게는 **수줍어**한다.
5. 이것은 **공작**기계이다.

**영단어 기억법 연습** ——볼드체의 우리말을 영단어와 연상시킨다.

1. 벌이 **날개**를 펄럭이며 어떻게 하는가?
2. 그가 할당된 **몫**을 어떻게 분배하였는가?
3. **배**로 많은 화물이 어떻게 운반되는가?
4. 그녀는 데이트하는 (　)에도 **수줍어**한다.
5. 목수는 **연장**이 나쁘다고 어떻게 하는가?

# [B]

**back** [bæk,백] 명 등;뒤 158

**bad** [bæd,배드] 형 나쁜 160

**barber** [bá:rbər, 바아버] 명 이발사 174

**barley** [bá:rli,바아리] 명 보리 38

**basketball** [bǽskitbɔ̀:l,배스킷볼-] 명 농구 42

**bat** [bæt,뱃] 명 박쥐 58

**bath** [bæθ,배스] 명 목욕(탕) 162

**batter** [bǽtər, 배터] 명 (야구등의) 타자 172

**battle** [bǽtl,배틀] 명 전투, 싸움 186

**beach** [bi:tʃ,비취] 명 해안, 해변 186

**bear** [bɛər,베어] 명 곰 58,176

**beat** [bi:t, 비-트] 동 두드리다, 치다 176

**bed** [bed,베드] 명 침대 68

**bedroom** [bédrùm, 베드룸] 명 침실 68

**bee** [bi:,비-] 명 벌 186

**beef** [bi:f,비이프] 명 쇠고기 40

**beggar** [bégər,베거] 명 거지 186

**begin** [bigin,비긴] 동 시작하다 132

**beginner** [bigínər,비긴너] 명 초심자, 초보자 132

**belly** [béli,베리] 명 배, 복부 30

**bellyache** [bélièik,베리에이크] 명 복통 30

**belong** [bilɔ́:ŋ,비롱] 동 (~에)속하다, ~의 것이다 186

**better** [bétər,베터] 형 더 좋은 188

**bicycle** [báisikl,바이시클] 명 자전거 92

**big** [big, 빅] 형 큰, 거대한 188

**bill** [bil,빌] 명 계산서, 증서, 지폐 188

**billion** [bíljən,빌리언] 명 10억 188

**bird** [bə:rd,버드] 명 새 144

**bird's-eye** [bə́:rdzài,버어드자이] 형 조감적인 144

**bloom** [blu:m, 블루움] 명 꽃 178

**blow** [blou,블로우] 동 (바람이) 불다 118

**blowy** [blóui,블로우이] 형 바람이 부는 118

**blue** [blu:,블루-] 명 파랑, 청색 36

**board** [bɔ:rd,보오드] 명 널빤지, 널 72

**boarding** [bɔ́:rdiŋ,보오딩] 명 널판장(대기) 72

**book** [buk,북] 명 책, 서적 62

**booking** [búkiŋ,부킹] 명 예약;장부기입 62

**born** [bɔ:rn,보온] 형 태어난 130

**borrow** [bárou,바로우] 동 빌리다 138

**bottle** [bɑtl,바틀] 명 병 88

**bottleneck** [bɑ́tlnek,바틀 넥] 명 병목, 좁은 통로 88

**bottom** [bɑ́təm,바텀] 명 밑(바닥), 기초 88

**bow** [bau,바우] 통 절하다 136

**bower** [báuər,바우어] 명 절하는 사람 136

**boy** [bɔi,보이] 명 소년 62

**break** [breik,브레이크] 통 깨뜨리다, 부서지다 148

**breakfast** [brékfəst,브렉퍼스트] 명 아침식사, 조반 20

**bridge** [bridʒ,브리지] 명 다리, 교량 190

**bring** [briŋ,브링] 통 가져오다 112

**brother** [brʌ́ðər,브러더] 명 형제, 형님[동생] 14

**brotherly** [brʌ́ðərli,브러더리] 형 형제의 14

**brown** [braun,브라운] 명 갈색 36

**bubble** [bʌbl,버블] 명 거품 190

**build** [bild,빌드] 통 짓다, 세우다 108

**burn** [bəːrn,버언] 통 타다, 태우다 190

**bury** [béri,베리] 통 묻다, 매장하다 188

**bus** [bʌs,버스] 명 버스, 승합자동차 92

**bush** [buʃ,부쉬] 명 수풀, 관목 190

**busy** [bízi,비지] 형 바쁜 122

**but** [bʌt,벗] 접 그러나, 단지 190

**buy** [bai,바이] 통 사다 108

**buyer** [báiər,바이어] 명 사는 사람, 바이어 108

**by** [bai,바이] 전 …옆에, 곁에 166

**bygone** [báigɔ̀n,바이곤] 형 지나간, 과거의 166

## [C]

**cabbage** [kǽbidʒ,캐비쥐] 명 양배추 50

**call** [kɔːl,코올] 통 부르다;외치다 158

**calm** [kɑːm,카암] 명 조용한, 고요한 158

**camel** [kǽməl, 캐멀] 명 낙타 178

**can** [kæn,캔] 통 ~할 수 있다 190

**captain** [kǽptin,캡틴] 명 선장, 주장 146

**car** [kɑːr] 명 자동차 62

**care** [kɛər,케어] 명 걱정, 근심 86

**carrot** [kǽrət.캐럿] 명 당근 48

**carry** [kǽri,캐리] 통 소지하다, 가지고 다니다 124

**catch** [kætʃ,캐취] 통 잡다 80,162

**cell** [sell,셀] 명 세포 192

**chair** [tʃɛər,체어] 명 의자 66

**chairman** [tʃɛ́ərmən,체어먼] 명 의장, 사회자 66

**chalk** [tʃɔːk,초-크] 명 분필 64

**chalkboard** [tʃɔ́ːkbɔ̀ːrd,초-크 보오드] 명 칠판 64

**charge** [tʃɑ́ːrdʒ,차쥐] 명 대가, 요금; 짐 192

**charm** [tʃáːrm,참] 명 매력 동 매혹
하다 192

**chat** [tʃæt,챗] 동 잡담하다, 이야기하
다 192

**cheap** [tʃiːp,칩-] 형 (값이) 싼 194

**cheek** [tʃiːk,치이크] 명 뺨, 볼 30

**cheekbone** [tʃiːkboun,치-크보운] 명
광대뼈 30

**cheer** [tʃiər,치어] 동 환호하다, 갈채
하다 명환호 194

**chew** [tʃuː,추-] 동 (음식을) 씹다 194

**chicken** [tʃíkin,치킨] 명 닭고기;병아
리 40

**chin** [tʃin,친] 명 턱 32

**China** [tʃáinə,차이너] 명 중국 114

**Chinese** [tʃàiníːz,차이니이즈] 형 중
국의;중국인 114

**Chinese cabbage** [ tʃainíːz
kǽbidʒ,차이니즈 캐비지] 명 배추 50

**choise** [tʃɔis,초이스] 명 선택, 골라잡
기 194

**choose** [tʃuːz,추-즈] 동 선택하다
112

**church** [tʃəːrtʃ,처취] 명 교회 194

**cloud** [klaud,클라우드] 명 구름 82

**cloudy** [kláudi,클라우디] 형 구름이
낀, 흐린 82

**cold** [kould, 코울드] 형 추운, 찬 ; 추
위 82

**coldly** [kóuldli,코울드리] 부 춥게,
차게 82

**come** [kʌm,컴] 동 오다 196

**compute** [kəmpjúːt,컴퓨-트] 동 계
산하다 196

**cool** [kuːl, 쿠울] 형 시원한, 서늘한
174

**cook** [kuk, 쿡] 명 요리사 72

**cooker** [kúkər,쿡커] 명 요리도구
72

**corn** [kɔːrn,코오온] 명 옥수수;곡식
38

**corny** [kɔ́ːrni,코오니] 형 옥수수의;곡
물의 38

**cotton** [kɑtn,카튼] 명 목화:무명
142

**count** [kaunt,카운트] 동 세다 132

**counter** [káuntər,카운터] 명 계산
대 132

**couple** [kʌpl,커플] 명 부부, 한 쌍
196

**courage** [kə́ːridʒ, 커-리지] 명 용기
178

**court** [kɔːrt,코오트] 명 법정;코트
136

**courthouse** [kɔ́ːrthàus,코오트하우
스] 명 재판소, 법원 136

**cover** [kʌ́vər,커버] 동 덮다 138

**coverage** [kʌ́vəridʒ,커버리지] 명
취재, 적용범위 138

**crane** [krein,크레인] 명 두루미, 학
60

**cry** [krai,크라이] 동 울다, 소리치다
196

**cuckoo** [kúkuː,쿠쿠]명 뻐꾸기 60

**cucumber** [kjúːkəmbe𝑟.큐-컴버]
명 오이 48

**culture**[kʌ́ltʃə𝑟,컬춰] 명 문화;교양
196

**cut** [kʌt,컷]동 베다, 절단하다 116

**cutter** [kʌ́tə𝑟,컷터]명 재단사; 절단기
116


### [D]

**dad** [dæd,대드] 명 아빠 130

**dady** [dǽdi,대디] 명 《소아어》 아빠
130

**danger** [déindʒə𝑟,데인저] 명 위험
134

**dangerous** [déindʒərəs,데인저러
스] 형 위험한 134

**daughter** [dɔ́ːtə𝑟,도-터] 명 딸 14

**dead** [ded,데드] 형 죽은 156

**deadly** [dédli,데드리] 형 치명적인,
치사의 156

**dear** [diə𝑟,디어] 형 친애하는, 사랑하
는 154

**dearly** [díə𝑟li,디어리] 부 진심으로,
깊이 154

**December** [disémbə𝑟, 디셈버]명
12월 46

**deer** [diə𝑟,디어] 명 사슴 52

**delicious**[dilíʃəs,디리서스] 형 맛있
는 198

**desert**[dézəːrt,데저-트]명 사막 198

**desk** [desk, 데스크] 명 책상 74

**desktop** [désktap,데스크탑] 명 탁
상용 컴퓨터 74

**dinner** [dínə𝑟,디너] 명 정찬, 정식
20

**dirty** [dɔ́ːrti,더어티] 형 더러운 90

**dish** [diʃ,디쉬] 명 접시 96

**doctor** [dáktər, 닥터] 명 의사, 박사
76

**dotorate** [dáktərit,닥터리트] 명박
사학위 76

**doll** [dɑl,달] 명 인형 84

**dollar**[dálə𝑟,달러] 명 달러, 100센트
198

**dolly** [dáli,다리]명 (어린애말) 인형
84

**donkey** [dáŋki,당키]명 당나귀 58

**door** [dɔːr,도어]명 문, 출입문 62

**doorman** [dɔ́ːrmæn,도어맨]명 (호
텔등의)문열어주는 사람, 문지기 62

**double** [dʌbl,더블] 명 두배, 갑절
144

**dozen** [dʌzn,더즌] 명 1다스 198

**dream** [driːm,드리임] 명 꿈 148

**drink** [driŋk, 드링크] 동 마시다 174

**drive** [draiv,드라이브] 동 운전하다
136

**driver** [dráivə𝑟,드라이버] 명 운전
사 136

**duck** [dʌk,덕]명 오리고기, 오리 40

**duckling** [dʌ́kliŋ,덕클링]명 오리새끼

40

## [E]

**each** [íːtʃ,이-치] 대 각자, 제각기 138

**eagle** [iːgl,이-글]명 독수리 60

**ear** [iər,이어] 명 귀 26

**early** [ə́ːrli,어얼리] 형 이른, 부 일찍 122

**earn** [əːrn,언] 동 (생활비를)벌다 200

**easily** [íːzili,이지리] 부 쉽게, 용이하게 200

**east** [íːst,이-스트] 명 동쪽 150

**eastern** [íːstərn,이-스터언] 형 동쪽의 150

**edge** [edʒ,에쥐]명 (칼)날; 모서리 200

**egg** [eg,에그]명 달걀 64

**emotion** [imóuʃən,이모션]명 감정, 감성 200

**enable** [inéibl,이네이블] 동 ~ 할 수 있게하다 200

**equal** [íːkwəl,이퀄]형 평등한, 같은 202

**error** [érər,에러]명 실수, 오류 202

**even** [íːvən,이번]부 ~조차도, ~라도 202

**evening** [íːvniŋ,이브닝] 명 저녁 22

**ever** [évər,에버] 부 지금까지;~한 적 136

**evergreen** [évərgriːn,에버그린] 명 상록수 136

**evil** [íːvəl,이-벌]명 악, 사악 형나쁜, 사악한 202

**examine** [igzǽmin,이그재민] 동 검사하다, 시험하다 154

**eye** [ai,아이] 명 눈 24

**eyebrow eyebrow** [áibrau,아이브라우] 명 눈썹 24

## [F]

**fail** [feil,페일]동 실패하다, 낙제하다 202

**fall** [fɔːl,포올] 동 떨어지다 명 가을 98

**fan** [fæn,팬]명 부채;애호가 204

**far** [fɑːr,파아] 부 멀리 104

**fare** [fɛər,페어]명 요금 204

**farm** [fɑːrm, 파암] 명 농장 74

**farmer** [fɑ́ːrmər,파아머] 명 농부, 농민 74

**father** [fɑ́ːðər,파-더] 명 아버지 14

**fatherland** [fɑ́ːðərlænd,파-더랜드] 명 조국 14

**fear** [fiər,피어] 명 두려움, 공포 134

**fearful** [fíərfəl,피어펄] 형 두려운 134

**feast** [fiːst,피-스트] 명 잔치, 향연 20

**feature** [fíːtʃər,피춰]명 특징;용모 204

**February** [fébruèri,페브루에리]명 2월 44

**feel** [fiːl,피일] 동 느끼다 132

**female** [fíːmeil,피-메일] 명 여성 204

**fill** [fil,필] 동 가득 채우다 118

**fine** [fain,파인] 형 훌륭한, 우수한 148

**finger** [fíŋgər,핑거] 명 손가락 28

**fingerprint** [fíŋgərprìnt,핑거프린트] 명 지문 28

**finish** [fíniʃ,피니쉬] 동 끝내다, 마치다 206

**fire** [faiər,파이어] 명 불 204

**fish** [fiʃ,피시] 명 물고기 66

**fisherman** [fíʃərmən,피서먼] 명 어부 66

**flag** [flæg,플래그] 명 기, 깃발 72

**flagman** [flǽgmən,플래그먼] 명 신호기수, 신호수 72

**flesh** [fleʃ,프레쉬] 명 살, 육질 206

**floor** [flɔːr,플로어] 명 마루, 층 64

**follow** [fálou,팔로우] 동 따라가다, 좇다 206

**fool** [fuːl,푸울] 명 바보 80

**foolish** [fúːliʃ,푸울리시] 형 어리석은 80

**foot** [fut,풋] 명 발 32

**football** [fútbɔ̀ːl,풋보올] 명 (미식)축구 32,42

**force** [fɔːrs,포-스] 명 힘, 세력 206

**forget** [fərgét,퍼겟] 동 잊다 208

**forgive** [fərgív,퍼기브] 동 용서하다 208

**form** [fɔːrm,포옴] 명 형태, 자세 100

**formation** [fɔːrméiʃən,포오메이션] 명 형성, 구성 100

**fortune** [fɔ́ːrtʃən,포-천] 명 재산, 운 206

**found** [faund,파운드] 동 창설하다, 설립하다 208

**fountain** [fáuntin,파운틴] 명 분수, 샘 208

**fox** [faks,팍스] 명 여우 54

**foxy** [fáksi,팍시] 명 여우같은, 교활한 54

**fresh** [freʃ,프레쉬] 형 신선한, 새로운 208

**fruit** [fruːt,프루-트] 명 과일 106

**fruitful** [frúːtfəl,프루-트펄] 형 열매가 열리는, 다산의 106

**full** [ful, 풀] 형 가득찬, 찬 176

**fun** [fʌn,펀] 명 재미, 즐거움 146

**fund** [fʌnd,펀드] 명 자금, 기금 210

**funny** [fʌ́ni,퍼니] 형 재미있는 146,168

**fur** [fəːr, 퍼어] 명 모피;털 168

**furnish** [fə́ːrniʃ,퍼니쉬] 동 비치하다, 갖추다 210

**furniture** [fə́ːrnitʃər, 퍼어니처] 명 가구 168

## [G]

**gain** [gein,게인] 명 이익 210

**garden** [gáːrdn,가든] 명 정원 150

**gate** [geit, 게이트] 명 대문, 문 170

**gather** [gǽðər,개더] 동 모으다 210

**Germany** [dʒə́:rməni,저어머니] 명 독일 114

**German** [dʒə́:rmən,저어먼] 형 독일의 ; 독일인 114

**genuine** [dʒénjuin,제뉴인] 형 성실한;진짜의 210

**get** [get,겟] 동 얻다 108

**girl** [gə:rl,거얼] 명 소녀 62

**give** [giv,기브] 동 주다 102

**glad** [glæd,글래드] 형 기쁜 148

**glass** [glæs,글래스] 명 유리, 유리잔 104

**glassy** [glǽsi,글래시] 형 유리모양의, 유리질의 104

**globe** [gloub, 글로우브] 명 지구;지구의 168

**go** [gou,고우] 동 가다 212

**goal** [goul,고울] 명 득점, 결승점 126

**god** [gɑd,갓] 명 하느님, 신 78

**goddess** [gádis,가디스] 명 여신 80

**good** [gud,굿] 형 좋은, 흘륭한 64

**good-bye** [gúd-bai,굿바이] 명 안녕 64

**govern** [gʌ́vərn,거번] 동 다스리다, 통치하다 212

**grammar** [grǽmər,그래머] 명 문법 212

**grape** [greip, 그레이프] 명 포도 170

**green** [grí:n,그린-] 명 초록,녹색 36

**group** [gru:p,그룹] 명 집단, 떼 212

**greenish** [grí:niʃ,그린-이시] 형 녹색을 띤 36

**guard** [gɑ:rd,가-드] 명 경호원, 수위; 경계 212

**guess** [ges, 게스] 동 추측하다 176

**guide** [gaid,가이드] 명 안내(서), 가이드 160

**gun** [gʌn,건] 명 총 66

**gunman** [gʌ́nmən,건먼] 명 총기휴대자, 총잡이 66

## [H]

**habit** [hǽbit,해빗] 명 습관 214

**hair** [hɛər,헤어] 명 머리카락 26

**half** [hǽf,해프] 명 반, 절반 100

**halfway** [hǽfwéi,해프웨이] 형 중도의, 불완전한 100

**hall** [hɔ:l,호올] 명 회관, 강당 152

**hammer** [hǽmər, 해머] 명 망치 170

**hand** [hænd,핸드] 명 손 28

**happen** [hǽpən,해픈] 동 일어나다, 생기다 132

**happy** [hǽpi,해피] 형 행복한 214

**hard** [hɑ:rd,하-드] 형 어려운,단단한 부 열심히 214

**harm** [hɑ:rm,하암] 명 해;손해 152

**hat** [hæt,햇] 명 모자 214

**have** [hæv, 해브] 동 가지다 174

**he** [hi:,히] 때 그는, 그가 12

**head** [hed,헤드] 명 머리 26

**headache** [hédèik,헤드에이크] 명 두통 26

**health** [helθ,헬스] 명 건강 134

**healthy** [hélθi,헬시] 형 건강한 134

**hear** [hiər,히어] 동 듣다 216

**heat** [hi:t,히-트] 명 열, 더위 156

**heaven** [hévən,헤번] 명 천국, 하늘 216

**heavy** [hévi, 헤비] 명 무거운 146

**hell** [hel,헬] 명 지옥, 저승 216

**her** [hə:r,허-] 때 그녀에게, 그녀를 ; 그녀의 12

**here** [hiər,히어] 부 여기에 102

**hers** [hə:rz,허-즈] 그녀의 것 12

**hesitate** [hézəteit,헤저테이트] 동 주저하다, 망설이다 216

**high** [hai,하이] 형 높은 78

**highly** [háili, 하이리] 부 높이, 매우 78

**hill** [hil,힐] 명 언덕, 작은산 104

**him** [him,힘] 때 그를, 그에게 12

**his** [hiz,히즈] 때 그의;그의 것 12

**history** [hístəri,히스터리] 명 역사 158

**hog** [hɔ:g,호-그] 명 (성장한 식용)돼지 56

**home** [houm,호움] 명 가정, 자기집 76

**homeland** [hóumlænd,호움랜드]

명 고국, 본국 76

**honey** [hʌ́ni,허니] 명 벌꿀 216

**hope** [houp,호우프] 동 바라다, 희망하다 118

**horn** [hɔ:rn.혼] 명 뿔 218

**horse** [hɔ:rs,호오스] 명 말 54

**horseman** [hɔ́:rsmən,호오스먼] 명 기수, 승마자 56

**hot** [hɑt,핫] 형 더운 82

**hour** [áuər,아우어] 명 (한)시간 106

**hourly** [áuərli,아우어리] 형 시간마다의 106

**house** [haus,하우스] 명 집, 가옥 66

**how** [hau.하우] 부 어떻게, 얼마나 218

**human** [hjú:mən.휴-먼] 명 인간 형 인간적인 218

**hunger** [hʌ́ŋgər,헝거] 명 배고픔, 기아 220

**hurry** [hə́:ri,허-리] 명 매우급함, 서두름 152

**hurry-up** [hə́:riʌp,허리업] 형 급히 서두르는 152

**hurt** [hə:rt,허어트] 명 부상, 상처 154

**husband** [hʌ́zbənd,허즈번드] 명 남편 16

## [I]

**I** [ai,아이] 때 나는, 내가 10

**ill** [il,일] 형 병든, 아픈 130

**llness** [ílnis,일니스] 뗑 병 130

**mpossible** [impásəbl,임파서블] 혱 불가능한 220

**n** [in,인] 쩐 …안에, 속에 164

**ncome** [ínkʌm,인컴] 수입, 소득 164

**nform** [infɔ́:rm,인포옴] 동 ~에게 알리다, 보고하다 144

**information** [infɔ:rméiʃən,인포메이션] 뗑 정보, 통지 144

**island** [áilənd,아일런드] 뗑 섬 106

**issue** [íʃu:,이슈] 뗑 문제점, 논쟁 동 발행하다 220

**item** [áitəm,아이텀] 뗑 품목, 항목 220


## [J]

**jail** [dʒeil,제일] 뗑 교도소, 감옥 222

**January** [dʒǽnjuèri,재뉴에리] 뗑 1월 44

**Japan** [dʒəpǽn,저팬] 뗑 일본 114

**Japanese** [dʒæpəní:z,재펀니즈] 혱 일본의 ; 일본인 114

**jewel** [dʒú:əl, 주-얼] 뗑 보석 68

**jeweler** [dʒú:ələr, 주-얼러] 뗑 보석상 68

**job** [dʒáb,잡] 뗑 직업, 직장 100

**join** [dʒɔin,조인] 동 결합하다, 가입하다 110

**joiner** [dʒɔ́inər, 조인너] 뗑 결합자, 가입자 110

**joke** [dʒóuk,조우크] 뗑 농담 110

**joker** [dʒóukər,조우커] 뗑 농담자, 익살꾼 110

**joy** [dʒɔi,조이] 뗑 기쁨, 환희, 즐거움 138

**judge** [dʒʌdʒ,저지] 뗑 판사, 재판관 136

**juice** [dʒu:s, 주-스] 뗑 즙, 액 70

**juicy** [dʒú:si, 주-시] 혱 즙이 많은, 수분이 많은 70

**July** [dʒulái,주라이] 뗑 7월 46

**June** [dʒu:n,주운] 뗑 6월 44


## [K]

**key** [ki:, 키-] 뗑 열쇠 74

**kick** [kik,킥] 동 차다, 걷어차다 222

**kid** [kid,키드] 뗑 아이 222

**kill** [kil,킬] 동 죽이다 116

**killer** [kilər,킬러] 뗑 살인자 116

**kind** [kaind,카인드] 혱 친절한 160

**king** [kiŋ,킹] 뗑 왕, 임금 70

**kingdom** [kíŋdəm, 킹덤] 뗑 왕국 70

**kitchen** [kítʃin,키친] 뗑 부엌, 주방 222

**knee** [ni:,니-] 뗑 무릎 32

**kneel** [ni:l,니일] 동 무릎을 꿇다 32

**knife** [naif, 나이프] 뗑 칼 72

**knock** [nak, 낙] 동 치다, 두드리다 110

**knockdown** [nákdàun,낙다운] 뗑

때려 눕힘, 일격 110

**know** [nou, 노우] 통 알고있다. 알다 176

**knowledge** [máːlidʒ,나-리지] 명 지식, 학식 222

**Korea** [kəríːə,커리어] 명 한국 114

**Korean** [kəríːən,커리언] 명 한국인 ; 한국의 114

## [L]

**label** [léibəl,레이벌] 명 꼬리표, 딱지, 라벨 224

**land** [lænd,랜드] 명 땅, 육지 134

**language** [læŋgwidʒ,랭귀지] 명 언어, 말 224

**large** [laːrdʒ,라아지] 형 큰 140

**largely** [láːrdʒli,라아지리] 부 크게, 주로 140

**lately** [léitli,레이트리] 부 최근, 요즈음 224

**laundry** [lóːndri,론드리] 명 세탁소, 세탁물 224

**law** [lɔː,로] 명 법률, 법 224

**lazy** [léizi,레이지] 형 게으른, 나태한 226

**lead** [liːd,리-드] 통 이끌다, 인도하다 226

**leaf** [liːf,리-프] 명 나뭇잎 76

**leg** [leg,렉] 명 다리 32

**leisure** [léːʒər,레저] 명 여가, 틈 226

**length** [léŋθ,렝스] 명 길이, 세로 226

**liberty** [líbərti,리버티] 명 자유 228

**like** [laik,라이크] 통 좋아하다 228

**limit** [límit,리밋] 명 제한, 한계 통 제한하다 228

**lion** [láiən,라이언] 명 사자 52

**lioness** [láiənis,라이언니스] 명 암사자 52

**lip** [lip,립] 명 입술 30

**lipstick** [lípstik,립스틱] 명 입술연지 30

**lily** [líli, 릴리] 명 백합(꽃),나리 68

**lock** [lak,락] 명 자물쇠 통 잠그다 228

**lonely** [lóunli,로운리] 형 외로운, 고독한 228

**long** [lɔːŋ,롱-] 형 긴 78

**longevity** [landʒévəti,란제버티] 명 장수, 수명 78

**loose** [luːs,루-스] 형 헐거운, 느슨한 230

**lose** [luːz,루-즈] 통 잃다, 상실하다 230

**luck** [lʌk,럭] 명 행운, 운 230

**lunch** [lʌntʃ,런치] 명 점심 20

**luncheon** [lʌntʃən 런천] 명 점심 20

## [M]

**machine** [məʃíːn,머신-] 명 기계 230

**mad** [mæd,매드] 형 미친, 열광적인 230

**magazine** [mægəzíːn,매거진] 명 잡

지 232

**magic** [mǽdʒik, 매직] 뗑 마법, 마술 232

**magpie** [mǽgpài, 맥파이] 뗑 까치 60

**maid** [meid, 메이드] 뗑 하녀, 가정부 232

**mail** [meil, 메일] 뗑 우편(물) 126

**mailbox** [méilbàks, 메일박스] 뗑 우체통 126

**main** [mein. 메인] 뗑 주요한, 주된 146

**mainly** [méinli, 메인리] 뗑 주로, 대체로 146

**man** [mæn, 맨] 뗑 남자, 사람 88

**manly** [mǽnli, 맨리] 뗑 남자다운, 씩씩한 88

**many** [méni, 메니] 뗑 많은 90

**map** [mæp, 맵] 뗑 지도 70

**mapping** [mǽpiŋ, 맵핑] 뗑 지도작성 70

**March** [maːrtʃ, 마아치] 뗑 3월 44

**march** [máːrtʃ, 마아치] 뗑 행진, 행진곡 232

**market** [máːrkit, 마-킷] 뗑 시장 232

**marry** [mǽri, 매리] 뗑 결혼하다 150

**marriage** [mǽridʒ, 매리지] 뗑 결혼 150

**mass** [mæs, 매스] 뗑 대중, 다량 234

**match** [mætʃ, 매치] 뗑 성냥 156,234

**May** [mei, 메이] 뗑 5월 44

**me** [miː, 미이] 뗑 나를, 나에게 10

**meal** [miːl, 미-일] 뗑 식사;끼니 20

**mean** [míːn, 민] 뗑 뜻하다, 의미하다 234

**measure** [méʒər, 메저] 뗑 재다, 측정하다 234

**meat** [miːt, 미-트] 뗑 고기, 살코기 234

**medal** [médl, 메들] 뗑 메달, 상패 236

**medicine** [médisin, 메디신] 뗑 약 236

**meet** [miːt, 미-트] 뗑 만나다 104

**meeting** [míːtiŋ, 미팅] 뗑 모임, 회합 104

**mend** [mend, 멘드] 뗑 수선하다, 고치다 236

**mention** [ménʃən, 멘션] 뗑 언급하다, 말하다 236

**merry** [méri, 메리] 뗑 즐거운, 유쾌한 116

**metal** [métl, 메틀] 뗑 금속, 합금 236

**middle** [midl, 미들] 뗑 중앙의, 한 가운데의 ; 중앙 90

**milk** [milk, 밀크] 뗑 우유;젖 172

**million** [míljən, 밀리언] 뗑 100만 238

**mind** [maind, 마인드] 뗑 마음, 정신 122

**mirror** [mírər, 미러] 뗑 거울 68

**miss** [mis, 미스] 뗑 놓치다 102

**missing** [mísiŋ, 미싱] 뗑 없어진, 분실된 102

**mistake** [mistéik, 미스테이크] 동
틀리다, 오해하다 174

**modern** [mɔ́dərn,모던] 형 현대의
238

**mom** [mɑm,맘] 명 《미구어》 엄마,
어머니 130

**mommy** [mɑ́mi,마미] 《미 소아어》
엄마 130

**Monday** [mʌ́ndei,-di, 먼데이] 명
월요일 18

**money** [mʌ́ni,머니] 명 돈 88

**moon** [muːn, 문-] 명 달 68

**more** [mɔːr,모오] 형 더 많은(many,
much의 비교급) 118

**morning** [mɔ́ːrniŋ,모오닝] 명 아침,
오전 22

**mother** [mʌ́ðər,머더] 명 어머니 14

**motherly** [mʌ́ðərli,머더리] 형 어머
니의 14

**mountain** [máuntin,마운틴] 명 산
112

**mouse** [maus,마우스] 명 생쥐 56

**muscle** [mʌ́sl, 머슬] 명 근육 172

**music** [mjüːzik, 뮤-직] 명 음악 238

**mutton** [mʌ́tn,머튼] 명 양고기 40

**muttony** [mʌ́tni,머튼니] 형 양고기의
40

**my** [mai,마이] 대 나의 10

## [N]

**name** [neim,네임] 명 이름 154

**namely** [néimli,네임리] 부 즉, 다시
말하면 154

**narrow** [nǽrou, 내로우] 형 좁은, 편
협한 238

**natural** [nǽtʃərəl,내처럴] 형 당연
한, 자연의 156

**nature** [néitʃər,네이춰] 명 자연; 본
성, 성질 240

**naturally** [nǽtʃərəli,내처럴리] 부
당연히;자연히 156

**navel** [néivəl,네이벌] 명 배꼽 30

**near** [niər, 니어] 형 가까운 전 가까
이 240

**necessary** [nésisəri, 네시서리] 형
필요한 240

**neck** [nek,넥] 명 목 28

**necklace** [néklis,넥크리스] 명 목걸
이 28

**neighbo(u)r** [néibər, 네이버] 명 이
웃, 아웃사람 240

**nervous** [nə́ːrvəs,너-버스] 형 신경
질적인, 신경(과민)의 240

**never** [névər, 네버] 부 결코~않다
[없다] 242

**nice** [nais,나이스] 형 좋은, 훌륭한
142

**nicely** [náisli,나이스리] 부 훌륭하게
142

**night** [nait,나이트] 명 밤 22,142

**nightfall** [náitfɔːl 나이트 포올] 명
해질녁, 황혼 22

**noble** [noubl,노우블] 형 고상한, 고

귀한 160

**nobility** [noubíləti,노우빌러티] 명 고상, 고귀 160

**noise** [nɔiz,노이즈] 명 소음, 소란 160

**noisy** [nɔ́izi,노이지] 형 떠들썩한, 씨끄러운 242

**none** [nʌn,넌] 대 아무(것)도 …않다[없다] 120

**nonsense** [nánsens,난센스] 명 무의미, 허튼 말 242

**noon** [nuːn,누운] 명 정오 22

**noonday** [núːndei, 누운데이] 정오(의), 대낮(의) 22

**nose** [nouz,노우즈] 명 코 26

**nothing** [nʌ́θiŋ,너싱] 대 아무것도~ 아님[하지 않음] 120

**November** [novémbər,노벰버] 명 11월 46

**novel** [návəl, 나벌] 명 소설 242

**now** [nau,나우] 부 지금 242

**nurse** [nəːrs, 너어스] 명 간호사, 보모 170

**nut** [nʌt, 넛] 명 견과 244

## [O]

**object** [ábdʒikt, 아브직트] 명 사물, 목적 동반대하다 244

**obvious** [ábviəs, 압비어스] 형 명백한, 명확한 244

**occur** [əkə́ːr, 어커] 동 일어나다, 생기다 244

**October** [aktóubər,악토우버] 명 10월 46

**offer** [áfər,아퍼] 동제공하다 명 제안, 제공 244

**often** [ɔːfən,오픈] 부 자주, 종종 128

**oil** [ɔil,오일] 명 기름, 석유 124

**oily** [ɔ́ili,오일리] 형 기름의 124

**old** [ould,오울드] 형 늙은, 나이먹은 86

**on** [ɔn,온] 전 …위에 164

**once** [wʌns, 원스] 부 한번, 일찍이 246

**one** [wʌn,원] 명 하나(의) 대사람 246

**open** [óupən,오우픈] 동 열다 94

**opener** [óupənər,오우픈너] 명 여는 사람 : 병따개 94

**opposite** [ápəzit,아퍼짓] 형 반대의 명반대;상대 246

**orange** [ɔ́ːrindʒ,오린지] 명 귤, 오렌지 24

**order** [ɔ́ːrdər,오오더] 명 주문, 명령 152

**orderly** [ɔ́ːrdərli,오오더리] 형 명령의, 순서바른 152

**other** [ʌ́ðər,어더] 형 다른(것) 116

**ought** [ɔːt,오-트] 동 ~해야한다 246

**our** [áuər,아우어] 대 우리(들)의 10

**ours** [áuərz,아우어즈] 대우리들의 것 10

out [aut,아웃] 젠 밖에, 외부로 166

over [óuvər,오우버] 젠 …위에 164

owl [aul,아울]멩 올빼미 56

owlish [áuliʃ,아울리시]멩 올빼미같은 56

own [oun,오운] 혱 자신의 롱소유하다 246

ox [aks,악스]멩 (pl. oxen) (거세한) 황소 52

## [P]

pack[pæk,팩] 멩 꾸러미, 보따리 248

pain[pein,페인] 멩 아픔, 고통 248

pair[pɛər,페어] 멩 한쌍, 한켤레 248

parcel[pá:rsl,파-슬] 멩 소포, 꾸러미 248

pardon[pá:rdn,파-든] 롱 용서하다 멩용서 248

park [pɑ:rk, 파아크]멩 공원 104

parking [pá:rkiŋ, 파킹] 멩 주차(장) 104

parrot [pǽrət,패럿]멩 앵무새 60

pass [pæs,패스] 롱 건네주다 ; 지나다 126

passage [pǽsidʒ,패시지] 멩 통행, 통과 126

past [pæst,패스트] 멩과거 혱지나간 250

path[pæθ,패스] 멩 작은 길, 보도 250

pause[pɔ:z,포-즈] 멩 휴지, 중지 롱 중지하다 250

pea [pi:,피-]멩 완두콩 50

peach [pi:tʃ,피-치] 멩 복숭아 24

pear [pɛər,페어] 멩 배(나무) 24

pencil [pénsəl, 펜슬] 멩 연필 70

persimmon [pərsímən,퍼시먼] 멩 감(나무) 24

permit[pə:rmít,퍼밋] 롱 허락하다 250

pet[pet,펫] 멩 애완동물 250

physical[fízikəl,피지컬] 혱 육체의, 신체의 252

pick [pik,픽] 롱 따다, 뜯다 116

pickpocket [píkpɑkit,픽파킷] 멩 소매치기 116

pile[pail,파일] 멩 더미, 쌓아올린 것 252

pillow[pílou,필로우] 멩 베개 롱베개를 베다 252

pine[pain,파인] 멩 소나무, 솔 252

ping-pong [píŋpɔ̀ŋ,핑퐁]멩 탁구 42

place[pleis, 플레이스] 멩 장소, 곳 252

plum [plʌm,플럼] 멩 (서양)자두 24

poor [puər,푸어] 혱 가난한 128

poorly [púərli,푸어리] 붜 가난하게 128

pork [pɔ:rk,포오크]멩 돼지고기 40

porker [pɔ́:rkər,포오커]멩 식용돼지 40

pot [pɑt,팟] 멩 단지, 항아리 254

potato [pətéitou.퍼테이토우]멩 감

자 48

**pour** [pɔ:r,포-] 图 쏟다, 붓다 254

**pumpkin** [pʌ́mpkin,펌프킨] 명 호박 50

**pull** [ful,풀] 图 당기다, 끌어당기다 254

**pupil** [pjú:pəl, 퓨우펄] 명 학생, 생도 168

**purple** [pə́:rpl,퍼플] 명 자주색 36

**purplish** [pə́:rpliʃ,퍼플리시] 혱 자주 색을 띤 36

**purse** [pə:rs,퍼-스] 명 지갑 130

**purser** [pə́:rsər,퍼-서] 명 사무장 130

**put** [put,풋] 图 놓다. 두다 108

## [Q]

**queen** [kwi:n,퀴인] 명 여왕, 왕비 76

**queenly** [kwí:nli,퀴인리] 혱 여왕다 운 76

**question** [kwéstʃən,퀘스천] 명 문 제 126

**questionaire** [kwéstʃənɛər,퀘스천 네어] 명 질문사항 126

## [R]

**rabbit** [rǽbit,래빗] 명 (집)토끼 58

**radish** [rǽdiʃ,래디쉬] 명 무우 50

**rail** [reil, 레일] 명 철로, 레일 172

**rain** [rein,레인] 명 비 82

**rainy** [réini,레이니] 혱 비의, 비가 오 는 82

**read** [ri:d,리-드] 图 읽다 84

**reader** [rí:dər,리이더] 명 독자, 독서 가 84

**really** [ríəli,리얼리] 图 정말로, 참으 로 140

**red** [red,렛] 명 빨강, 적색 36

**reddish** [rédiʃ,레디시] 혱 불그스레한 36

**rice** [rais,라이스] 명 쌀, 쌀밥 38

**rich** [ritʃ,리치] 혱 부자의, 부유한 126

**riches** [rítʃiz,리치즈] 명 부, 재산 126

**rock** [rɑk,락] 명 바위 图 흔들다 254

**run** [rʌn,런] 图 달리다, 뛰다 254

**Russia** [rʌ́ʃə,러서] 명 러시아 114

**Russian** [rʌ́ʃən,러션] 명 러시아의;러 시아인 114

**rye** [rai,라이] 명 호밀 38

## [S]

**safe** [seif,세이프] 안전한, 위험이 없는 162

**sale** [seil,세일] 명 판매 80

**sail** [seil,세일] 명 돛, 돛단배 256

**salesman** [séilzmən,세일즈먼] 명 판 매원, 점원 80

**say** [sei,세이] 图 말하다 118

son [sʌn,썬] 몡 아들 16

song [sɔːŋ,소옹] 몡 노래 156

son-in-law [sʌ́ninlɔ̀ː썬인로오] 몡 사위,양자 16

soon [suːn,수운] 뷔 곧, 이윽고 128

sorry [sɔ́ːri,쏘-리] 형 미안해서;슬픈 102

sparrow [spǽrou,스패로우] 몡 참새 60

speak [spiːk,스피-크] 동 말하다 94

speaker [spíːkər,스피커] 몡 연사 ; 스피커 94

stamp [stæmp,스탬프] 몡 우표 144

stand [stænd,스탠드] 동 일어서다 94

stay [stei,스테이] 몡 머무르다 76

stayer [stéiər,스테이어] 몡체재자 76

steam [stiːm,스티임] 몡 증기 122

subway [sʌ́bwei,서브웨이] 몡 지하철 92

suddenly [sʌ́dnli,서든리] 뷔 갑자기 128

sugar [ʃúgər,슈거] 몡 설탕 84

sugarcane [ʃúgərkèin,슈거케인] 몡 사탕수수 84

Sunday [sʌ́ndei,-di,썬데이] 몡 일요일 18

supper [sʌ́pər,서퍼] 몡 저녁식사 20

sweet potato [swíːt pətèitou.스위트퍼테이토우]몡고구마 46

# [ㅌ]

tall [tɔːl,톨-] 형 키큰 78

tea [tiː,티이] 몡 (홍)차 154

teach [tiːtʃ,티-치]동 가르치다 64

teacher [tíːtʃər,티-처]몡 선생님, 교사 64

tear [tiər,티어] 몡 눈물 96

tearful [tíərfəl,티어펄] 형 눈물어린;슬픈 96

tell [tel,텔] 동 말하다 106

theater [θíətər,시어터] 몡 극장 96

theatrical [θiǽtrikəl,시애트리컬] 형 극장의, 연극의 96

then [ðen,덴] 뷔 그 당시(에) 140

there [ðɛər,데어] 뷔 거기에(서) 102

thing [θiŋ,싱] 몡 것, 물건 146

thigh [θai,사이]몡 허벅다리, 넓적다리 32

thin [θin,신] 형 마른, 얇은 124

think [θiŋk,싱크] 동 생각하다 124

thinking [θíŋkiŋ,싱킹] 몡 사고, 사색 124

throw [θrou,스로우] 동 던지다 98

Thursday [θə́ːrzdei, -di,서-즈데이] 몡 목요일 18

tiger [táigər,타이거]몡 호랑이 52

tired [táiərd,타이어드] 형 피곤한 108

tool[tuːl,툴-] 몡 도구, 연장 258

**town** [taun,타운] 뗑 (소)도시, 읍 98

**townsman** [táunzmən,타운즈먼] 뗑 도회지인;읍민 98

**toy** [tɔi,토이] 뗑 장난감 84

**toyshop** [tɔ́iʃap,토이샵]뗑 장난감 가게, 완구점 84

**train** [trein,트레인] 뗑 기차 92

**trainman** [tréinmən,트레인먼] 뗑 열차승무원 92

**travel** [trǽvəl,트래블] 뙹 여행하다 138

**traveler** [trǽvələr,트래블러] 뗑 여행사 138

**tree** [triː,트리-] 뗑 나무 70

**truck** [trʌk,트럭] 뗑 화물자동차 92

**Tuesday** [tjúːzdei, -di,튜-즈데이] 뗑 화요일 18

**turkey** [tə́ːrki,터어키]뗑 칠면조 58

## [U]

**umbrella** [ʌmbrélə,엄브렐러] 뗑 우산 72

**uncle** [ʌ́ŋkəl,엉클] 뗑 아저씨, 삼촌 16

**under** [ʌ́ndər,언더] 젼 …의 아래에, 밑에 166

**undergo** [ʌ̀ndərgóu,언더고우] 뙹 받다, 입다 164

**understand** [ʌ̀ndərstǽnd,언더스탠드] 뙹 이해하다 98

**up** [ʌp,업] 뭔 위로, 위쪽에 166

**upon** [əpɑn,어판] 젼 …위에 164

**us** [ʌs,어스] 때 우리(들)에게, 우리들을 12

## [V]

**vegetable** [védʒtəbl.베지터블]뗑 야채, 푸성귀 48

**village** [vílidʒ,빌리지] 뗑 마을 96

**villager** [vílidʒər,빌리저] 뗑 마을 사람 96

**visit** [vízit,비짓] 뙹 방문하다 98

**visitor** [vízitər,비짓터] 뗑 방문객, 손님 98

**voice** [vɔis,보이스] 뗑 목소리, 음성 158

**volleyball** [bálibɔ̀ːl,발리볼-]뗑 배구 42

## [W]

**waist** [weist,웨이스트]뗑 허리 32

**waistband** [wéistbænd,웨이스트밴드]뗑 허리띠 32

**wall** [wɔːl,월-] 뗑 벽, 담 66

**waste** [weist,웨이스트] 뙹 낭비하다 뗑 쓰레기 142

**wasteful** [wéistfəl,웨이스트펄] 휑 낭비하는 142

**watermelon** [wɔ́ːtərmèlən.워-터메런]뗑 수박 48

**we** [wiː,위-]때 우리(들)는 10

**wear** [wɛər,웨어] 통 입고 있다 106

**weather** [wéðər,웨더] 명 날씨 96

**weatherman** [wéðərmæn,웨더맨] 명 일기예보자 96

**Wednesday** [wénzdei,웬즈데이] 명 수요일 18

**well** [wel, 웰] 부 잘, 훌륭히 178

**whale** [hweil,웨일] 명 고래 54

**wheat** [hwiːt,위이트] 명 밀, 소맥 38

**wide** [waid,와이드] 형 폭이 넓은 78

**widely** [wáidli,와이드리] 부 널리, 먼곳에 78

**wife** [waif,와이프] 명 아내, 처 16

**wifely** [wáifli,와이프리] 형 아내의 16

**wing** [wiŋ,윙] 명날개 258

**wolf** [wulf,울프] 명 이리, 늑대 54

**woman** [wúmən,우먼] 명 여자 88

**womanly** [wúmənli,우먼리] 형 여자다운 88

**wood** [wud,우드] 명 나무 152

**wooden** [wudn,우든] 형 나무로 만든 152

**write** [rait,라이트] 통 쓰다 86

**writer** [ráitər,라이터] 명 작가, 필자 86

## [Y]

**year** [jiər,이이어] 명 해, 년 132

**yearly** [jíərli,이이어리] 명 매년의, 년1회의 132

**yellow** [jélou,옐로우] 명 노랑, 황색 36

**yellowish** [jélouiʃ,옐로우이시] 형 누르스름한 36

**you** [juː,유-] 대 당신(들), 너(희들) 10

**young** [jʌŋ,영] 형 젊은 86

**youngster** [jʌ́ŋstər,영스터] 젊은이 86

**your** [juər,유어] 대당신(들)의, 너의 10

**yours** [juərz,유어즈] 대당신(들)의 것 10

## [Z]

**zebra** [zíːbrə,지-브러] 명 얼룩말 54

**zero** [zíərou, 지(어)로우] 명 영, 제로 178

**zoo** [zuː,주-] 명 동물원 **54**

기초 영단어 기억법

차봉현 지음


2010년 8월 24일 초판 1쇄 인쇄
2012년 6월 30일 초판 3쇄 발행

**펴낸이** 마복남 | **펴낸곳** 버들미디어 | **등록** 제 10-1422호
**주소** 서울시 마포구 합정동 359-27
**전화** (02)338-6165 | **팩스**(02)323-6166
E-mail : bba666@naver.com


ISBN  978-89-6418-016-7  13740


※책값은 표지 뒷면에 표시되어 있습니다.